# 中学 まとめ上手 実技4科

音楽
技術・家庭
保健体育
美術

Music

Technology and Home Economics

Health and Physical Education

Art

## 本書の特色としくみ

❶ **この本の特色**

実技４教科の教科書の要点が，ビジュアル化された図解により，ひと目でわかります。

❷ **この本のしくみ**

教科書の要点を，カラーの図解・表解や簡潔な解説でまとめました。また，小項目には重要度に応じて★印をつけています（★２つが最重要）。

▶**得点アップ**……その節のテストに出る重要ポイントや注意点などを確認します。

▶**テストでは**……学習内容が理解できたかどうかを確認します。

❸ **赤いフィルターで定期テスト対策**

消えるフィルターを使えば赤刷り文字が消え，テスト対策としてとても便利です。

# 目　次

実技4科

## 音楽



## 技術・家庭

## 保健体育

●体育分野



●保健分野



## 美術

〔　月　日〕

# Let's Search For Tomorrow／浜辺の歌

レッツ サーチ フォートゥモロー

## 1 Let's Search For Tomorrow ★

レッツ サーチ フォー トゥモロー

◆「Let's Search For Tomorrow」のはじまり

♩＝84～92 明るく決然と

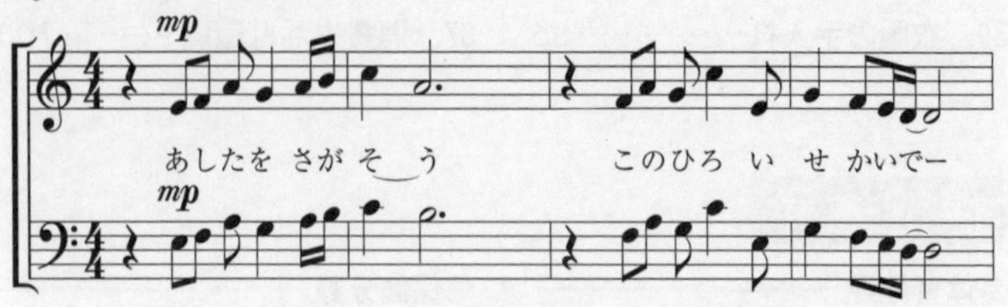


訳詞は堀徹（ほりとおる），作曲者は大澤徹訓（おおさわあきのり）。

ハ長調で，４分の４拍子（ひょうし）。

**♩＝84～92** は，１分間に♩を 84～92 打つ速さ。

・混声合唱で，𝄞 の卜音譜表（おんぷ）が女声パート，𝄢 のへ音譜表が男声パートとなっている。

**卜音譜表**と**へ音譜表**を合わせた，上のような譜表（ふひょう）を大譜表という。

## 2 卜音譜表とへ音譜表

卜音譜表とへ音譜表の関係は，下の大譜表を参照。音名で「ロ」「ハ」「ニ」にあたるものが**同じ音の高さ**になっている。

◆**大譜表**

同じ音の高さ

卜音譜表

音名　ニ　ホ　ヘ　ト　イ　ロ　ハ　ニ　ホ　ヘ　ト　イ　ロ

へ音譜表

ト音譜表とヘ音譜表の関係を頭に入れて，同じ高さの音を問われても答えられるようにしておこう。

## 3 浜辺の歌

◆「浜辺の歌」のはじまり

作曲者は成田為三，作詞者は林古渓。

*mp* の読みはメッゾ ピアノで，意味は**少し弱く**。

∨の読みはブレスで，意味は**息つぎ**。

♪= **104 ～ 112** は，１分間に♪を 104 ～ 112 打つ速さ。

・歌詞は下の通り。

一、 あした浜辺を　さまよえば　昔のことぞ　しのばるる
　　風の音よ　雲のさまよ　寄する波も　かいの色も
二、 ゆうべ浜辺を　もとおれば　昔の人ぞ　しのばるる
　　寄する波よ　かえす波よ　月の色も　星のかげも

「あした」は「朝」，「ゆうべ」は「夕方」，「もとおれば」は「めぐれば，さまよえば」という意味。

**テストでは**

□① ト音譜表とヘ音譜表を合わせた譜表を何というか。
□② 「浜辺の歌」の作曲者は誰か。
□③ 「浜辺の歌」の「あした」は何を意味しているか。

**解答**

①大譜表
②成田為三
③朝

# 2 主人は冷たい土の中に／朝の風に

## 1 主人(あるじ)は冷たい土の中に ★

◆「主人は冷たい土の中に」のはじまり

作曲者はS.C.フォスター（アメリカ）で，ほかにも「おおスザンナ」や「故郷(こきょう)の人々」といった曲を残した。

ハ長調で，４分の４拍子(ひょうし)。この曲は，二部形式となっている。

・**二部形式**…楽曲全体が２つの部分（大楽節）からできている形式。

**Andante** の読みはアンダンテで，意味は**ゆっくり歩くような速さで**。

◆ハ長調の音階

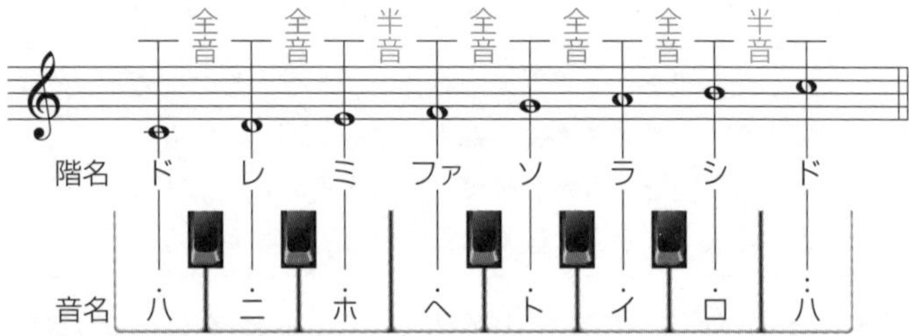


## 2 主な速度標語 ★★

| 標語 | 読み | 意味 |
|---|---|---|
| **Andante** | アンダンテ | ゆっくり歩くような速さで |
| **Moderato** | モデラート | 中ぐらいの速さで |
| **Allegro** | アレグロ | 速く |
| ＊1 ***rit.*** | リタルダンド | だんだん遅(おそ)く |
| ＊2 ***accel.*** | アッチェレランド | だんだん速く |

＊1　**ritardando** の略
＊2　**accelerando** の略

いろいろな記号とその意味を正確に覚えておくようにしよう。

## 3 朝の風に ★

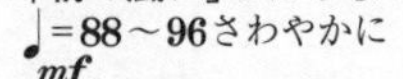

作詞者は安西薫（あんざいかおる），作曲者は長谷部匡俊（はせべまさとし）。

ハ長調で，４分の４拍子。混声合唱の曲。

## 4 主な強弱記号 ★★

| 記号 | 読み | 意味 |
|---|---|---|
| ***pp*** | ピアニッシモ | とても弱く |
| ***p*** | ピアノ | 弱く |
| ***mp*** | メッゾ ピアノ | 少し弱く |
| ***mf*** | メッゾ フォルテ | 少し強く |
| ***f*** | フォルテ | 強く |
| ***ff*** | フォルティッシモ | とても強く |
| *1 ***cresc.*** ＜ | クレシェンド | だんだん強く |
| *2 ***decresc.*** ＞ | デクレシェンド | だんだん弱く |
| *3 ***dim.*** | ディミヌエンド | |

＊1 **crescendo** の略
＊2 **decrescendo** の略
＊3 **diminuendo** の略

**テストでは**

□① **Andante** の意味は何か。

□②「朝の風に」は何拍子か。

□③ ***ff*** の意味は何か。

**解答**

①ゆっくり歩くような速さで
②４分の４拍子
③とても強く

音楽

# 3 赤とんぼ／春

## 1 赤とんぼ ★★

◆「赤とんぼ」のはじまり

作詞者は三木露風(みきろふう)，作曲者は山田耕筰(やまだこうさく)。作曲者のほかの作品には，「待ちぼうけ」や「かえろかえろと」などがある。

変ホ長調で，4分の3拍子。♭が3つつき，変ホ音が主音となる。♭が2つ以上つく長調の調名には，必ず「変」がつく。

変ホ長調の音階は，下のようになっている。

◆変ホ長調の音階

| 階名 | ド | レ | ミ | ファ | ソ | ラ | シ | ド |
|---|---|---|---|---|---|---|---|---|
| 音名 | 変ホ | ヘ | ト | 変イ | 変ロ | ハ | ニ | 変ホ |

♩＝**58～63** は，1分間に♩を58～63打つ速さ。

・歌詞は下の通り。

内容は，赤とんぼが飛んでいるところを見て，ふるさとで過ごした幼い日のことを思い出し，懐(なつ)かしんでいる。

一、夕やけ小やけの　赤とんぼ　負われて見たのは　いつの日か
二、山の畑の　桑(くわ)の実を　小籠(こかご)に摘(つ)んだは　まぼろしか
三、十五で姐(ねえ)やは　嫁(よめ)に行き　お里のたよりも　絶えはてた
四、夕やけ小やけの　赤とんぼ　とまっているよ　竿(さお)の先

一番の「負われて」は「背負われて」，三番の「姐や」は「子守をする女性」を意味する点に注意する。

明治～大正時代の歌詞は，今の日本語と意味が異なる言葉がある。その内容をおさえておこう。

## 2 春

作曲者はヴィヴァルディ。イタリアのベネチアで生まれた，バロック時代の作曲家。ヴァイオリニストとしても活躍した。

協奏曲(ヴァイオリン協奏曲)で，演奏形式は，独奏ヴァイオリンとチェンバロを伴う弦楽合奏。弦楽合奏では，ヴァイオリン，ヴィオラ，チェロ，コントラバスが使用される。

この曲は「和声と創意の試み」第１集「**四季**」からの１曲であり，3つの楽章からできている。

「四季」にはソネットという短い詩がつけられていて，第１楽章は上記楽譜の左のようになっている。

**テストでは**

□① 「赤とんぼ」の作詞者は誰か。

□② 「赤とんぼ」一番の「負われて」はどのような意味か。

□③ 「春」の演奏形式は，独奏ヴァイオリンとチェンバロを伴う何か。

**解 答**

①三木露風
②背負われて
③弦楽合奏

〔　月　日〕

# 4 夢の世界を／サンタ ルチア

## 1 夢の世界を

◆「夢の世界を」のはじまり

♩. = 84 ~ 92

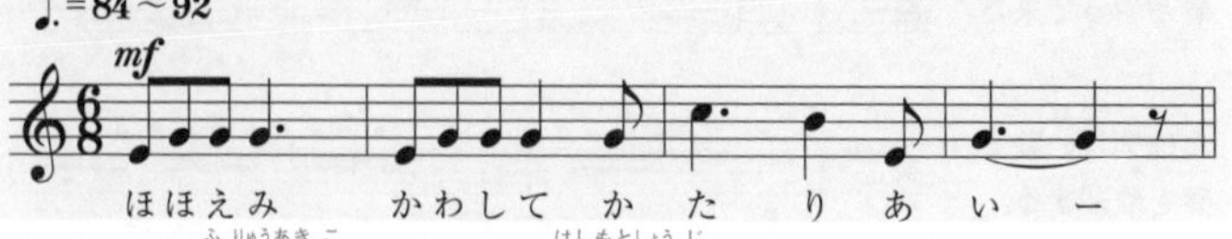


作詞者は芙龍明子，作曲者は橋本祥路。

ハ長調で，８分の６拍子（複合拍子の１つ）。

演奏形態は，前半は**斉唱**で，後半は**混声三部**合唱。

曲の終わりで**臨時記号**が出てくる。臨時記号には，**シャープ（♯）（半音上げる）**，**フラット（♭）（半音下げる）**，**ナチュラル（♮）（元の高さで）**などがある。

・**臨時記号**…その小節にのみはたらき，次の小節では元に戻る。

♩. = **84 ~ 92** は，１分間に♩.を 84 ~ 92 打つ速さ。

この曲は♩.を基準にしている。拍子記号は８分の６拍子になっているが，実際の演奏では♩.を１拍（♪の３つ分を１拍）にして２拍子のように演奏する。

## 2 拍　子

拍子には典型的な例が知られる。拍子記号の分母は１拍に数える音符の種類を，分子は１小節内の拍数を示している。

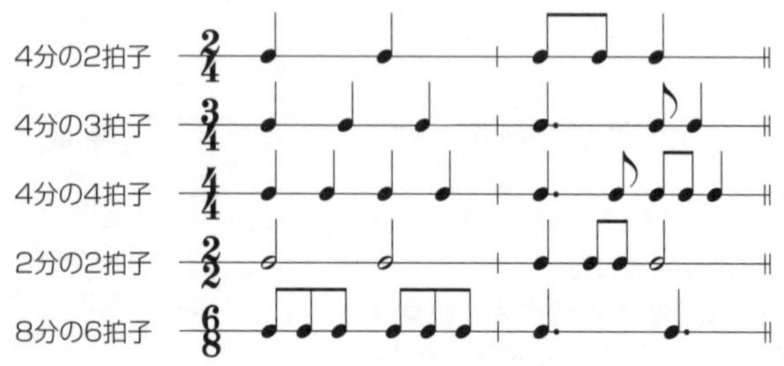

反復を理解して，演奏順序を問われた際に答えられるようにしておこう。

## 3 サンタ ルチア ★

◆「サンタ ルチア」のはじまり

「サンタ ルチア」とは，**ナポリの船乗りの守護神**。

原曲は，イタリア南部のナポリ民謡（みんよう）。

変ロ長調で，8分の3拍子（びょうし）。♭が2つついている。

・この「サンタ ルチア」のようなイタリアのポピュラーソングのことをカンツォーネという。

## 4 反　復

𝄆 𝄇は，この記号ではさまれた間を1回繰（く）り返す。

1.と2.は，𝄇から繰り返した後に1.をとばして2.を演奏する。

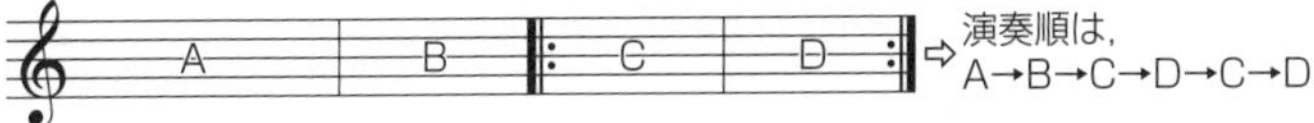


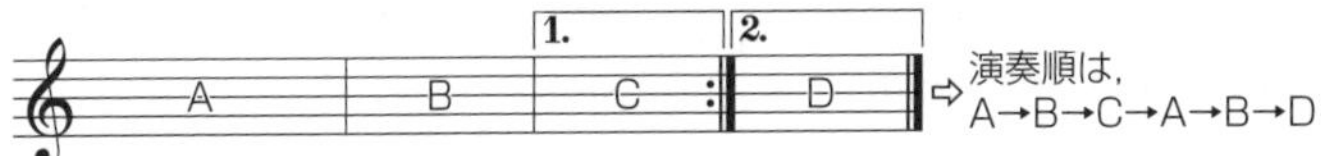


**テストでは**

□① その小節にのみはたらき，次の小節では元に戻る記号を何というか。

□② サンタルチアはどこの国の民謡か。

□③ イタリアのポピュラーソングのことを何というか。

**解答**

①臨時記号

②イタリア

③カンツォーネ



音楽

〔　月　日〕

# 5 花の街／夏の思い出

## 1 花の街★

作詞者は江間章子(えましょうこ)，作曲者は團伊玖磨(だんいくま)。

ヘ長調で，4分の2拍子(ひょうし)。

二部形式で，２つの**大楽節**からなる。

**第二次世界大戦後**まもなく，平和な世界を描いて作られた曲である。「花の街」には作詞者の**平和**に対する思いが込(こ)められている。

> 七色の谷を越(こ)えて　流れて行く　風のリボン
> 輪になって　輪になって　駈(か)けて行ったよ
> 春よ春よと　駈けて行ったよ

## 2 演奏する順序と反復記号★

演奏する順序と反復に関する記号には，下のようなものがある。

| 記号 | 読み方 | 意味 |
|---|---|---|
| ***D.C.*** | ダ(・)カーポ | 始めから |
| ***D.S.*** | ダル(・)セーニョ | 𝄋から |
| 𝄋 | セーニョ | ***D.S.*** から戻って，ここから演奏する。 |
| 𝄌 | ヴィーデ | 𝄌から次の𝄌まで飛ばす。 |
| **Coda** | コーダ | 結びとなる箇所。 |
| ***Fine*** | フィーネ | ***D.C.*** や ***D.S.*** などで戻ったあと，演奏を終了する。 |

**得点アップ！** 演奏する順序と反復を理解して，楽譜の演奏順序を答えられるようにしておこう。

## 3 夏の思い出

◆「夏の思い出」のはじまり

♩＝63 ぐらい

作詞者は江間章子（えましょうこ），作曲者は中田喜直（なかだよしなお）。

ニ長調で，ニ音が主音となる。拍子は４分の４拍子。

二部形式で，合唱の特徴（とくちょう）としては，３度の音程を使った二部合唱であることがあげられる。音程とは，２つの音における高さの隔（へだ）たりのこと。この隔たりは「度」で表され，３度の音程は，和音の基本となっている。度の数え方は，下を参照。

曲の舞台となっているのは尾瀬（おぜ）で，その風景（道や水辺）を豊かに表現している。一番の歌詞は下の通り。

> 夏がくれば　思い出す　はるかな尾瀬（おぜ）　遠い空
> 霧（きり）のなかに　うかびくる　やさしい影（かげ）　野の小径（こみち）
> 水芭蕉（みずばしょう）の花が　咲いている　夢みて咲いている水の辺（ほと）り
> 石楠花（しゃくなげ）色に　たそがれる　はるかな尾瀬　遠い空

**テストでは**

□①「花の街」はいつごろ作られたか。

□② *D.C.* の意味は何か。

□③「夏の思い出」の舞台となっているのはどこか。

**解答**

①第二次世界大戦後
②始めから
③尾瀬

# 6 荒城の月／箏曲「六段の調」

## 1 荒城の月 ★

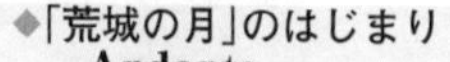

◆「荒城の月」のはじまり

作詞者は土井晩翠，作曲者は滝廉太郎。

ロ短調で，４分の４拍子。この曲には，山田耕筰が補作編曲したハ短調のものも親しまれている。ロ短調の音階は，下のようになっている。

◆ロ短調の音階

歌詞は下の通り。内容としては，月の光の下で荒れ果てた城を見ながら昔の情景に思いをはせ，移り変わる世に感じ入っている。

| | |
|---|---|
| 一、春高楼の花の宴 | めぐる盃影さして |
| 　　千代の松が枝わけ出でし | 昔の光今いずこ |
| 二、秋陣営の霜の色 | 鳴き行く雁の数見せて |
| 　　植うるつるぎに照りそいし | 昔の光今いずこ |
| 三、今荒城の夜半の月 | 変わらぬ光たがためぞ |
| 　　垣に残るはただかずら | 松に歌うはただあらし |
| 四、天上影は変わらねど | 栄枯は移る世の姿 |
| 　　写さんとてか今もなお | ああ荒城の夜半の月 |

「千代の松が枝」は「古い松の枝」，「植うるつるぎ」は，「植えたように地面に立ち並ぶ剣」，「たがためぞ」は「だれのためか」，「天上影」は「空の月の光」という意味である。

箏の特徴と，独特な形状や調弦法，演奏法をしっかりおさえておこう。

## 2 箏曲「六段の調」★★

◆「六段の調 初段」のはじまり

作曲者として伝えられているのは，八橋検校(江戸時代)で，箏の調弦法「平調子」を確立したといわれている。検校とは，目の不自由な音楽家でつくられた組織の**最高位の官職**。演奏形態は箏の独奏で，このような，いくつかの部分からなる歌がない箏の楽曲を**段物**と呼ぶ。

この曲は6つの**段**(部分)からできていて，段が進むにつれてテンポが速くなっていくが，最後の六段で再びゆるやかになる。

・**箏(こと)**…一般的に桐でつくられた胴に**13本**の糸が張られている楽器。奈良時代に**中国**から伝わった。調弦は，**柱**を動かして行う。右手の指に爪をはめて演奏する。

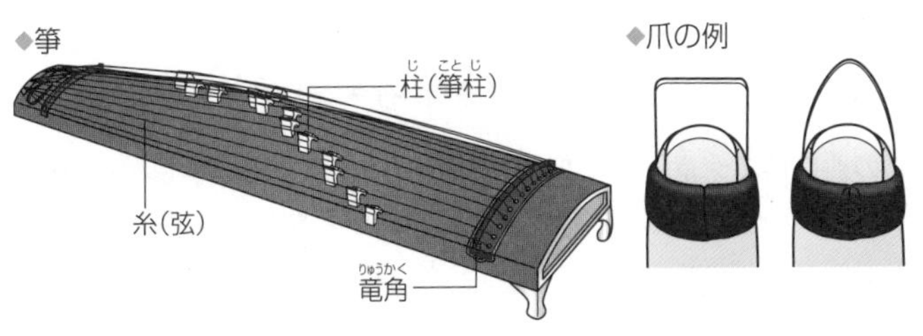


**テストでは**

□① 「荒城の月」の作曲者は誰か。

□② いくつかの段(部分)からなる，歌がない箏の形式を何と呼ぶか。

□③ 箏は，何時代に日本に伝わったか。

**解答**

①滝廉太郎
②段物
③奈良時代

〔　月　日〕

# 交響曲第５番 ハ短調／花

## 1 交響曲第５番 ハ短調

◆「交響曲第５番 ハ短調」のはじまり

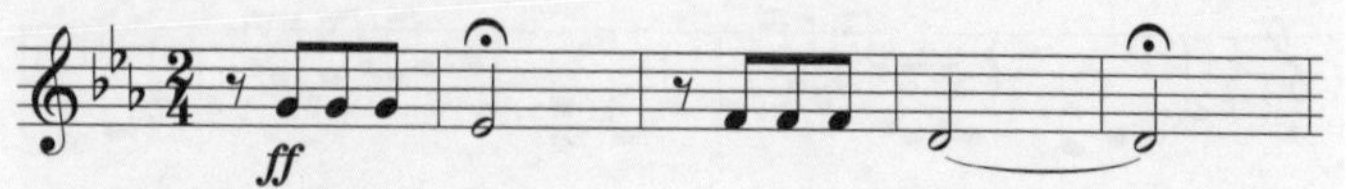


作曲者はベートーヴェン。彼はドイツのボンで生まれ，青年期にはオーストリアのウィーンで活動した。30歳あたりから耳に異常をきたし，やがて聴力のほとんどを失った。

ベートーヴェンの代表的な作品に，交響曲第３番「**英雄**」，第６番「**田園**」，第９番「**合唱付き**」などがある。そのほかには，ピアノ協奏曲「**皇帝**」，ピアノソナタ「**月光**」など。

この曲の別名は「運命」。由来は，ベートーヴェンが「運命はこのように扉をたたく」と言ったことから。

・曲の種類は交響曲で，演奏形態は管弦楽。ソナタ形式（下図参照）を含む**４つの楽章**からなっている。

・**交響曲**…いくつかの楽章からなる管弦楽曲。

・**管弦楽**…木管楽器，金管楽器，弦楽器，打楽器で編成される合奏形態。

・この曲の第１楽章と第４楽章はソナタ形式で，下の図のような構成になっている。提示部，展開部，再現部からなり，提示部の前に序奏が，再現部のあとに終結部（コーダ）がつくことがある。

・この曲の第２楽章では，２つの主題が現れ，さまざまに変奏される。第３楽章は，A → B → A' という３つの部分で構成され，各部分がいくつかの部分からなる複合三部形式になっている。

**得点アップ!** 交響曲やその演奏形態，また，ソナタ形式がどういうものかをおさえておこう。

音楽

## 2 花 ★★

◆「花」のはじまり

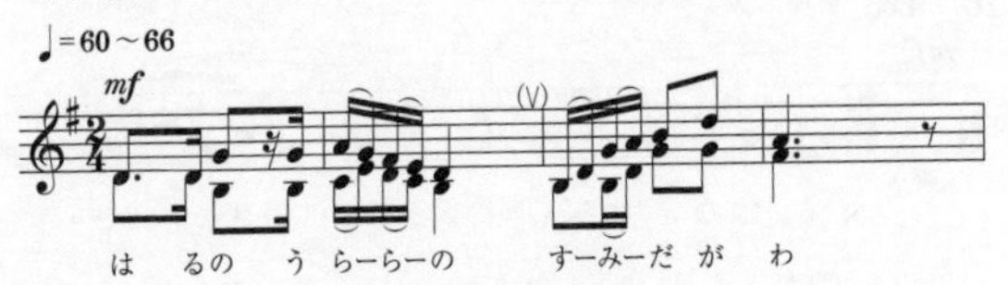


作詞者は武島羽衣（たけしまはごろも），作曲者は滝廉太郎（たきれんたろう）。

ト長調で，4分の2拍子（びょうし）。曲の形式は**二部形式**。

**♩＝60～66**は，1分間に♩を60～66打つ速さ。

・歌詞は下の通り。全体としては春の眺（なが）めをたたえており，一番は川の風景，二番は土手の桜や柳，三番は月について述べている。

> 一、春のうららの　隅田川（すみだがわ）　のぼりくだりの　船人（ふなびと）が
> 　　櫂（かい）のしずくも　花と散る　ながめを何に　たとうべき
> 二、見ずやあけぼの　露（つゆ）浴びて　われにもの言う　桜木（さくらぎ）を
> 　　見ずや夕ぐれ　手をのべて　われさしまねく　青柳（あおやぎ）を
> 三、錦（にしき）おりなす　長堤（ちょうてい）に　くるればのぼる　おぼろ月
> 　　げに一刻（いっこく）も　千金（せんきん）の　ながめを何に　たとうべき

「何に　たとうべき」は「何にたとえたらよいのだろうか」，「見ずや」は「見てごらん」，「一刻も　千金の」は「ひとときさえも，とても価値のある」という意味。

※右図は，休符（きゅうふ）の長さを表している。

| 2拍 | 1拍 | 1/2拍 | 1/4拍 |
|---|---|---|---|
| 𝄼 | 𝄽 | 𝄾 | 𝄿 |

**テストでは**

□①「交響曲第5番　ハ短調」の別名は何というか。

□②「交響曲第5番　ハ短調」でソナタ形式になっているのは何楽章か。

□③「花」の作曲者は誰か。

**解答**

①運命

②第1楽章と第4楽章

③滝廉太郎

# 8 早春賦／帰れソレントへ

## 1 早春賦 ★

◆「早春賦」のはじまり

♪＝116～126

作詞者は吉丸一昌，作曲者は中田章。

変ホ長調で，８分の６拍子（複合拍子の１つ）。**二部形式。**

・歌詞は下の通り。春を心待ちにしている気持ちを表している。

> 一、春は名のみの　風の寒さや　谷の鶯　歌は思えど
> 　　時にあらずと　声もたてず　時にあらずと　声もたてず
> 二、氷解け去り　葦は角ぐむ　さては時ぞと　思うあやにく
> 　　今日もきのうも　雪の空　今日もきのうも　雪の空
> 三、春と聞かねば　知らでありしを　聞けば急かるる　胸の思いを
> 　　いかにせよとの　この頃か　いかにせよとの　この頃か

「時にあらずと」は「まだその時ではないと」，「角ぐむ」は「芽が出始める」，「あやにく」は「あいにく」，「知らでありしを」は「知らないでいたものを」という意味。

## 2 演奏法に関する記号 ★★

| 記号 | 読み | 意味 |
| --- | --- | --- |
| ♩· | スタッカート | その音を短く切って |
| ♩‗ | テヌート | その音の長さを十分に保って |
| ♩‿♩ | タイ | 隣り合った高さの音をつなぎ１つの音に |
| ♩‿♩ | スラー | 異なる高さの２つ以上の音をなめらかに奏する |
| 𝄐 | フェルマータ | 音符（または休符）をほどよくのばす |

同主調に関する内容をおさえ，どういったときに臨時記号が用いられるかを理解しておこう。



## 3 帰れソレントへ ★

◆「帰れソレントへ」のはじまり

作曲者はE.デ・クルティス。

曲の種類はカンツォーネ。これは「サンタ ルチア」と同じく，イタリアのポピュラーソングのこと。

歌詞の内容としては，ソレントを去った恋人に，再び美しいソレントに戻(もど)ってきてほしいと呼びかけている。

調(ちょう)は，ハ短調とハ長調。

- **転調**…曲の途中で調が変わること。
- この曲は，ハ短調→ハ長調→ハ短調→ハ長調→ハ短調というふうに変化していく(同じ音を主音とする長調と短調を同主調という)。

◆同主調の一例「帰れソレントへ」より

転調する部分が短いときは，調号を変えずに臨時記号が使われる。

この曲では ***rit.*** や ***a tempo*** が使われ，テンポの変化が多い。

***rit.*** の読みはリタルダンドで，意味は**だんだん遅(おそ)く**。(⇨ p.6)

***a tempo*** の読みはア テンポで，意味は**もとの速さで**。

**テストでは**

□① 「早春賦」の作曲者は誰か。

□② 「帰れソレントへ」の曲の種類を何というか。

□③ 同じ音を主音とする長調と短調のことを何というか。

**解答**

①中田章
②カンツォーネ
③同主調

〔　月　日〕

# 9 小フーガ ト短調／ブルタバ(モルダウ)

## 1 小フーガ ト短調

◆「小フーガ ト短調」のはじまり

作曲者はJ.S.バッハで，17世紀の後半にドイツで生まれた。バロック時代の音楽家。代表的な作品，「管弦楽組曲(かんげんがく) 第3番」や「マタイ受難曲」などがある。本曲は「小フーガ」の愛称(あいしょう)でも親しまれている。演奏形態はパイプオルガンの独奏。

・**パイプオルガン**…大小さまざまな**パイプ**に空気を送り，音を出す楽器。パイプの数は多いもので4000本以上。手鍵盤(けんばん)や足鍵盤，**ストップ**というスイッチで，多くの音色(ねいろ)を出すことが可能。

・曲の形式はフーガで，**4声部**。

・**フーガ**…最初に示した主題が，そのあとで次々に出てくるほかの声部によって繰り返され，多声的に発展していく形式。

この曲の構成は，**3つ**の部分からなっている。

**第1部**…ト短調の主題とニ短調の応答が**2回**ずつ現れる。

**第2部**…主題をベースにして，いろいろな調(ちょう)に展開する。

**第3部**…再び最初のト短調が現れて終わる。

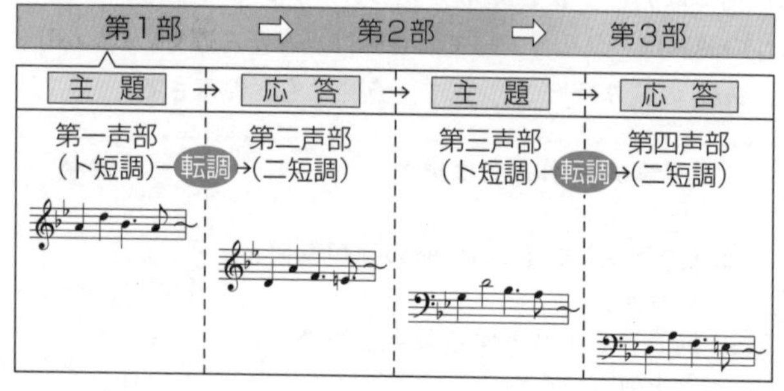

作曲家とその時代背景を頭に入れながら，曲の構成についても理解しておこう。

## 2 ブルタバ(モルダウ)

◆「ブルタバ(モルダウ)」のはじまり

作曲者はスメタナで，**チェコ**の**国民楽派**の作曲家。代表的な作品に，「**我が祖国**」や歌劇「売られた花嫁(はなよめ)」などがある。

当時，チェコ(ボヘミア)はオーストリア帝国の支配下だった。

曲の種類は交響詩(こうきょうし)で，演奏形態は管弦楽。

・**交響詩**…物語や情景をオーケストラで表現する音楽。

この曲は，**6曲**の交響詩で構成される「**我が祖国**」の**第2曲**。6曲全てをあげると，①**ビシェフラト**，②**ブルタバ**，③**シャルカ**，④**ボヘミアの森と草原から**，⑤**ターボル**，⑥**ブラニーク**となっている。

この曲の，各部の表題は下の通り。

・フルートとクラリネット(ヴァイオリン)で表現された2つの源流が流れ出す。
・光に輝きながら川幅が広がる。
・森からは狩りの角笛が聞こえる(ホルンが狩りの様子を表現)。
・結婚を祝う村人の踊(おど)りも見られる(チェコの民俗舞曲(みんぞくぶきょく)ポルカで表現)。
・月の光に輝(かがや)く水面に水の精が踊る。
・聖ヨハネの急流で水しぶきを上げる。
・ビシェフラトの丘を見上げながら流れ去る。

**テストでは**

□① 最初に示した主題が，そのあとで次々に出てくるほかの声部によって繰り返され，多声的に発展していく形式を何というか。
□② 「ブルタバ(モルダウ)」の作曲者は誰か。
□③ 物語や情景をオーケストラで表現する音楽を何というか。

**解答**

①フーガ
②スメタナ
③交響詩

〔　月　日〕

# 10 アイーダ／大地讃頌

## 1 アイーダ

◆「アイーダ第2幕ー凱旋の行進曲ー」のはじまり

作曲者はヴェルディ。イタリアのレ　ロンコーレ生まれ。ロマン派の音楽家で，イタリアオペラ最大の作曲家といわれている。代表的な作品に，「リゴレット」や「椿姫（つばきひめ）」などがある。

曲の種類はオペラ（歌劇）。また，この曲はスエズ運河の開通を記念して建てられた**カイロ**の歌劇場からの依頼によってつくられた。

・**オペラ**…歌を中心とする音楽劇。役者による独唱を中心に，重唱や合唱などで構成されている。一般的にはオーケストラを伴い，文学や演劇，美術といったさまざまな要素を合わせ持つことから総合芸術といわれている。

・アリア（詠唱（えいしょう））…登場人物の心情や気持ちを表現する。

・この曲は全部で**4幕**からなり，舞台は古代エジプト。主な登場人物は下の通り。

・**アイーダ**（ソプラノ）…エチオピアの王女。

・**アムネリス**（メッゾ（・）ソプラノ）…エジプトの王女。

・**ラダメス**（テノール）…エジプトの将軍。

・**アモナズロ（アモナスロ）**（バリトン）…エチオピア国王。

・**エジプト王**（バス）…アムネリスの父。

内容としては，エジプトの将軍ラダメスとその敵国の王女アイーダとの悲しい恋を描（えが）いたもの。第２幕では，勝利をおさめて凱旋（がいせん）したラダメスに対して，エジプト王はアムネリスと結婚して王になるように告げる。

オペラの特徴をおさえるとともに,「アイーダ」の内容についても頭に入れておこう。

## 2 大地讃頌(さんしょう) ★

◆「大地讃頌」のはじまり

作詞者は大木惇夫(おおきあつお),作曲者は佐藤眞(さとうしん)。

ロ長調で,4分の4拍子(びょうし)。女声二部(ソプラノ,アルト)と男声二部(テノール,バス)による混声四部合唱。

♩= **76** は,1分間に♩を76打つ速さ。

この曲では,男声と女声が**異なる歌詞**を歌う部分がある。

また,この曲はカンタータ「土の歌」全7楽章の終曲。

・**カンタータ**…オーケストラの伴奏による大規模な声楽曲。

**Grandioso** の読みは**グランディオーソ**,意味は壮大に。

## 3 音符と休符の長さ ★

| 音符 | | 長さの割合 | 休符 | |
|---|---|---|---|---|
| 𝅝 | 全音符 | 4 | 𝄻 | *全休符 |
| 𝅗𝅥 | 2分音符 | 2 | 𝄼 | 2分休符 |
| ♩ | 4分音符 | 1 | 𝄽 | 4分休符 |
| ♪ | 8分音符 | 2分の1 | 𝄾 | 8分休符 |
| 𝅘𝅥𝅯 | 16分音符 | 4分の1 | 𝄿 | 16分休符 |

*全休符は1小節休む場合に用いる。

**テストでは**

□① 「アイーダ」の作曲者は誰か。

□② **Grandioso** の意味は何か。

□③ 𝄿の名称は何か。

**解答**

①ヴェルディ
②壮大に
③16分休符

# 雅楽「越天楽」／歌舞伎「勧進帳」

## 1 雅楽「越天楽」

雅楽は，日本に昔からある音楽とアジア各地から伝わってきた音楽が影響し合ってできた音楽。現在の形に完成されたのは10世紀ごろ。

雅楽として伝わっているものには，下のような種類がある。

- 日本に古くからあった儀式のときの歌と舞
- アジア各地から伝わった舞と音楽

　舞楽…舞と楽曲。**左舞**(中国などから伝わった)，**右舞**(朝鮮半島などから伝わった)がある。

　管絃…舞楽の楽曲の一部を演奏することから生まれる。

- 平安時代に新しくつくられた歌(声楽曲)

- 雅楽に用いられる楽器には，下の図のようなものがある。

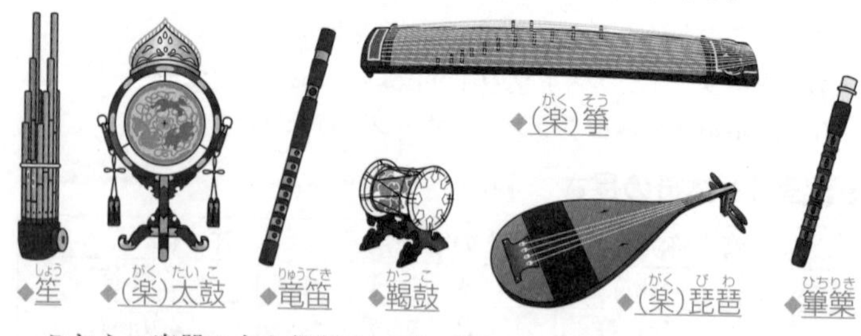


これらの楽器の主な役割は，下の通り。

| 種類 | 楽器 | 役割 |
|---|---|---|
| 管楽器 | 篳篥 | 主旋律を演奏。 |
| | 竜笛 | やや修飾した主旋律を演奏。 |
| | 笙 | 和音を演奏。 |
| 打楽器 | 鞨鼓 | 一定のリズムパターンを繰り返して演奏し，速さを決めたり，終わりの合図を出したりして統率する。 |
| | (楽)太鼓 | リズムパターンの区切りを示す。 |
| 弦楽器 | (楽)琵琶 | 一定の音形を演奏して拍を明確にする。 |
| | (楽)箏 | |

雅楽と歌舞伎ができた経緯と特徴，演奏形態をしっかりおさえておこう。

## 2 歌舞伎「勧進帳」

歌舞伎は，江戸時代の初期に出雲の阿国が京で興行した「かぶき踊」が起源となっている。音楽，文学，舞踏，演技，美術といった要素を含む総合芸術である。

「勧進帳」には，以下のような特徴がみられる。

- 動きを止めて目を寄せる「見得」や，片足で飛ぶように歩く「六方」，武蔵坊弁慶がみせる勇壮な「延年の舞」が見どころ。

「勧進帳」には長唄が用いられている。

- **長唄**…歌舞伎の伴奏音楽の１つ。唄を担当する唄方と三味線を担当する三味線方，鳴物（打楽器と笛）を担当する囃子方によって演奏される。その際に用いられる楽器は，下の図を参照。

◆小鼓

◆三味線

◆大鼓

◆笛（能管）

源頼朝に追われた源義経一行が奥州へと落ちのびていくという物語の，義経たちが加賀国の安宅の関所を通過する場面が中心となる。

義経一行を，関所を守る富樫左衛門があやしんで通さない。そこで弁慶は，何も書いていない巻物を勧進帳と見せかけて読み上げる。しかし，義経に似ている者がいると言われ，弁慶は機転をきかせて義経を杖でたたく。富樫左衛門はその弁慶の思いに共感して関所を通した。

**テストでは**

□① 雅楽において，合奏（楽器による演奏）のものを何というか。

□② 唄と三味線などの楽器が一体となった伴奏音楽は何か。

□③ 歌舞伎において，鳴物（打楽器と笛）を担当する人を何というか。

**解答**

①管絃
②長唄
③囃子方

〔　月　日〕

# 12 日本の音楽／西洋の音楽

## 1 能

能は，音楽と舞踊，演劇を融合させた日本の伝統芸能。室町時代の初期に，観阿弥・世阿弥親子が基本的な形を整え，室町時代の末期に現在のような様式が完成した。

能では，主人公の多くが**面**をかけていて，少しあお向けにすると**喜び**，少し下に向けると**悲しみ**の表情に見えるように作られている。演技においては，感情はいろいろな**型**で表現される。

謡には，旋律とセリフの部分があり，情景や主人公の心情を表現する場合には「**地謡**」と呼ばれる人々が担当する。楽器は，笛(能管)，小鼓，大鼓，太鼓が使われ，楽器を演奏する役を囃子という。

能の舞台で演じられるセリフ劇を狂言という。

- **狂言**…庶民を主人公にすることが多い。これとは逆に，能では物語の有名な人物が主人公とされることが多い。狂言の内容としては，大名の風刺や日常のおかしな場面などがあげられる。

## 2 文　楽

文楽(人形浄瑠璃)は，江戸時代に発展した日本の伝統的な人形劇。太夫の語りと三味線によって演奏される義太夫節に，人形遣いが動きを合わせて人間模様を表現する。

- **義太夫節**…竹本義太夫が始めた音楽。義太夫は「竹本座」という人形浄瑠璃の劇場を開き，近松門左衛門の戯曲を語った。
  太夫，人形，三味線の３つの役割に分かれる。
- **太夫**…登場人物のセリフや場面の様子などを１人で語り分ける。
- **人形**…基本的には１体の人形を「主遣い」「左遣い」「足遣い」の３人で動かす。これを**三人遣い**という。
- **三味線**…太夫の語りに合わせて，情景や心情をさまざまな音色で表現する。義太夫節では，太棹という種類の三味線が使われる。
  三味線の種類には，細棹，太棹などがある。

**得点アップ!** 西洋の音楽では，各時代の大きなまとまりと，その代表的な音楽家をおさえておこう。

## 3 中世の音楽

教会音楽が成立し，キリスト教の礼拝(れいはい)歌が整理されてグレゴリオ聖歌(せいか)と呼ばれるようになった。

## 4 バロック★

宮廷(きゅうてい)音楽が盛んで，オペラ(歌劇)が生まれた。多声的な音楽の技法がピークに達し，フーガや協奏曲といった器楽曲が多く作られた。

代表的な音楽家は，ヴィヴァルディやJ.S.バッハなど。

## 5 古典派★

ドイツやオーストリアが中心となった。ソナタ形式が完成して，交響曲(こうきょうきょく)などが多く作られた。

代表的な音楽家は，ハイドン，モーツァルト，ベートーヴェンなど。

## 6 ロマン派★

個性を大事にして，人間の**感情**を表現することが重視された。

代表的な音楽家にシューベルトやショパン，ヴェルディなどがいる。

後期には国民楽派の音楽が盛んになった。

国民楽派の代表的な音楽家は，スメタナやドボルザークなど。

## 7 近代・現代

20世紀に入ると，新しい響(ひび)きを作品に取り入れるようになり，シンセサイザーなどの**電子音**を使用した作品も生み出された。

**テストでは**

□① 能の舞台で演じられるセリフ劇を何というか。

□② 文楽で登場人物のセリフなどを語り分けるのはだれか。

□③ 個性を大事にして，人間の感情を表現することを重視したのは何派か。

**解答**

①狂言
②太夫
③ロマン派

〔　月　日〕

# 1 木材の特徴

## 1 木材の組織

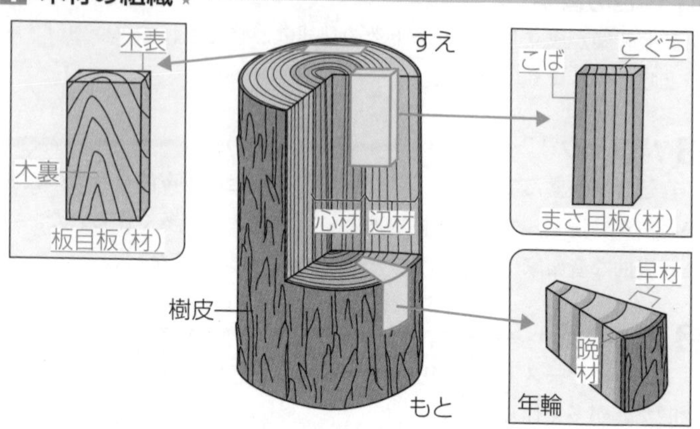


・**すえ**…樹木の，上(木ずえ)に近い方。

・**もと**…樹木の，下(根もと)に近い方。

・**心材**…木材中心部の色が濃(こ)い部分。

・**辺材**…木材周辺部の色が薄(うす)い部分。

・**早材(そうざい)**…春材(しゅんざい)とも呼ばれ，**春から夏にかけて**成長した部分。

・**晩材(ばんざい)**…夏材(かざい)とも呼ばれ，**夏から秋にかけて**成長した部分。

板のこぐち側から見て，**樹皮(じゅひ)に近いほうが**木表(きおもて)で，**木の中心に近いほうが**木裏(きうら)である。

## 2 木材の変形

木材は水分を吸収すると膨張(ぼうちょう)して，乾燥(かんそう)すると収縮する。乾燥したときの変形は，下のようになっている。

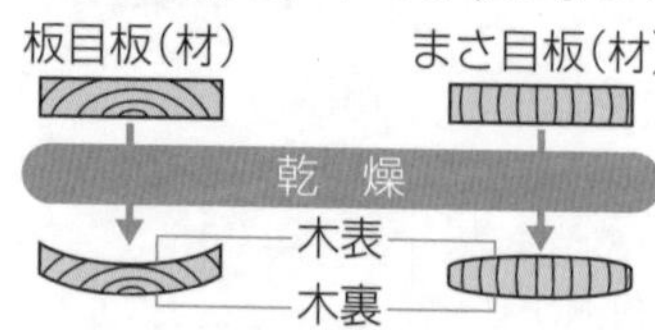


木材は，乾燥すると木表のほうにそる。

**得点アップ！** 木材の組織とその名称を覚え，水分による変化や力が加わったときの変形や強さもおさえておこう。

## 3 木材の特徴・性質

木材は同じ板であっても**繊維方向**によって強度が異なる。丈夫で**軽く**，熱が伝わりにくく，電気を通さない。水によって変形(膨張)し，くさることもある。

木材は木目がきれいで，**はだざわり**がよく，切断しやすく，削りやすいなどの長所を持つ。細かくしたものを成形して使うことができる。

## 4 繊維の方向と強さ ★

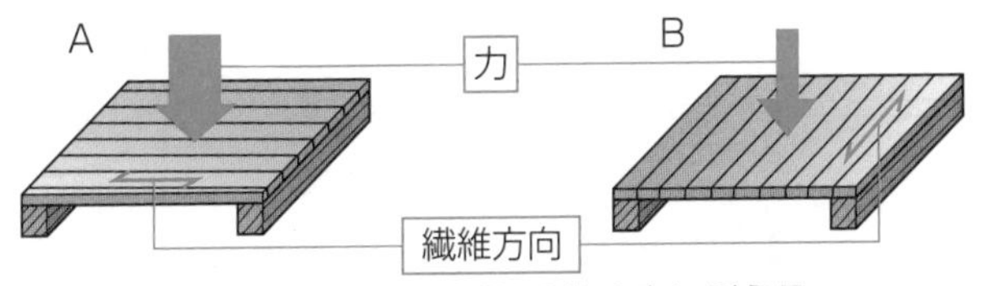


AはBに比べて，およそ10倍の力に耐える。

繊維の方向に対して，直角の力には強く，平行の力には弱い。

## 5 木材の種類 ★

木材の種類には，下のようなものがある。

| 種類 | | 特徴 |
|---|---|---|
| 針葉樹材 | スギ | 軽くてやわらかく，木目が通っている。 |
| | ヒノキ | くさりにくく，光沢がある。 |
| | アカマツ | 木目が通っていて強い。樹脂が多い。 |
| 広葉樹材 | キリ | 軽くてやわらかい。加工がしやすい。 |
| | ブナ | やや重くかたい。 |

**テストでは**

□① 板のこぐち側から見て，樹皮に近いほうは木表か木裏か。

□② 木材は同じ板であっても，何の方向によって強度が異なるか。

□③ 木材は，繊維の方向に対して直角に力が加わると強いか弱いか。

**解答**

①木表
②繊維
③強い

技術・家庭 技術分野

# 2 金属・プラスチックの特徴

## 1 金属の特徴・性質 ★★

金属は，丈夫で力や熱に強い材料である。金属には，下のような特徴がある。

・弾性…金属に小さな力を加えると，元に戻る性質。
・塑性…金属に大きな力を加えると，変形してしまう性質。
・展性…たたくと広がり，薄くなる性質。
・延性…引っ張るとのびて，細く長くなる性質。
・加工硬化…変形した部分が硬くなる性質。

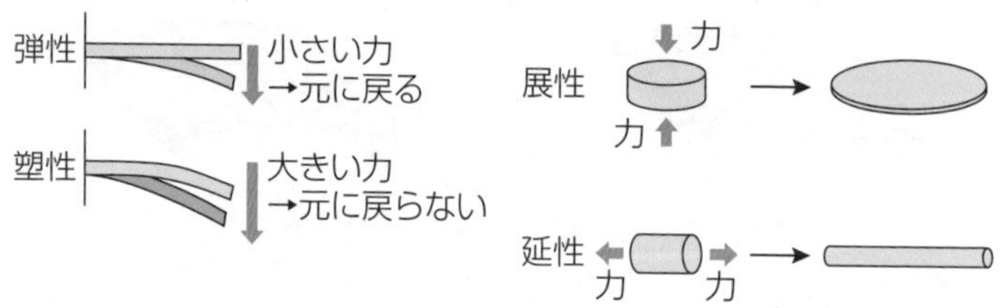


## 2 金属の種類 ★

金属の種類には，下のようなものがある。

金属に別の物質を加えて，元の金属と違う性質を持つ金属をつくることができる。これを合金という。

| 種類 | 特徴 |
| --- | --- |
| 鋼 | 鉄と炭素の合金。炭素含有量が増えると硬くなり，強い。 |
| ステンレス | 鋼(鉄)にクロムやニッケルを加えた合金。光沢があり，丈夫でさびにくいが加工しにくい。 |
| 黄銅（しんちゅう） | 銅と亜鉛の合金。銅と比べると丈夫だが，もろくもある。さびにくく，加工しやすい。 |
| アルミニウムとその合金 | 軽くてやわらかく，加工しやすいが，酸や塩分に弱い。 |

**得点アップ!** 金属とプラスチックの，それぞれの特徴と性質，種類をおさえておこう。

## 3 プラスチックの特徴・性質 ★★

プラスチックは石油から分留したナフサなどからつくられ，加熱して曲げたり，成形したりしやすいという性質がある。

また，プラスチックは，熱可塑(かそ)性プラスチックと熱硬化(こうか)性プラスチックに分けることができる。

①**熱可塑性**…熱を加えるとやわらかくなる性質。この性質をもつプラスチックを熱可塑性プラスチックという。

②**熱硬化性**…熱を加えると硬(かた)くなる性質。この性質をもつプラスチックを熱硬化性プラスチックという。

・プラスチックの特徴としては，軽くて丈夫，熱を伝えにくく，電気を通しにくいことなどがあげられる。また，液状のプラスチック樹脂に色を着けて成形することが可能である。

・基本的にプラスチックは，分解されにくく環境に悪いとされているが，生分解性プラスチックは，地中などにいるバクテリアによって分解される性質をもっている。

## 4 プラスチックの種類 ★

| 種　類 | 特　徴 |
|---|---|
| ポリプロピレン | 軽くて丈夫で，熱に強い。 |
| アクリル樹脂(じゅし) | 透明(とうめい)で，気温の変化や紫外線(しがいせん)に強い。 |
| ＰＥＴ樹脂 | 透明で丈夫。 |
| ポリエチレン | 軽くてやわらかい。 |
| ポリカーボネート | 熱に強く，丈夫で変形しにくい。 |

**テストでは**

□① 金属に小さな力を加えると，元に戻る性質を何というか。

□② 鉄と比べると丈夫で，加工しやすい鉄とクロムやニッケルの合金を何というか。

□③ 熱を加えると硬くなる性質をもつプラスチックを何というか。

**解答**

①弾性
②ステンレス
③熱硬化性プラスチック

技術・家庭 技術分野

# 3 丈夫な構造

## 1 丈夫な構造

製品を丈夫にするためには，強い材料を使ったり，材料を太くしたりといったやり方がある。

具体的には下のように，四角形の構造では不安定なため，①**斜めに板をつけて**三角形**の構造を用い**たり，②**面全体を板で固定**したり，③**接合部を補強金具などで固定**することで，水平方向からの力に対して強くすることができる。

このように，丈夫な構造を考えるには，加わる力の大きさや方向を調べて，材料の組み合わせ方を工夫することが重要である。

◆**構造を丈夫にするために**

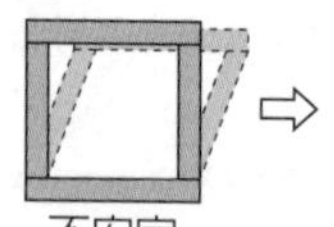

不安定

①斜めに板をつける

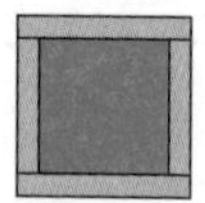

②面を板で固定する

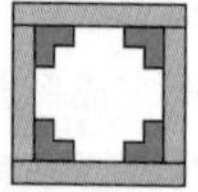

③補強金具で固定する　など

## 2 材料の使い方や強さ

下の図で，幅を2倍にすると②の強さは①に比べ2倍になり，高さを2倍にすると③の強さは①に比べ4倍になる。

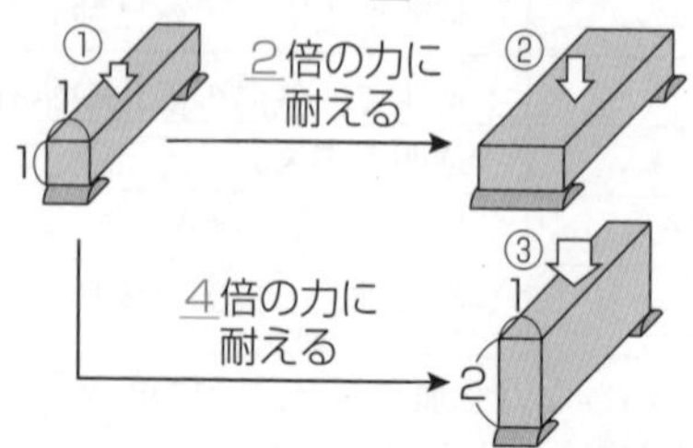


プラスチックや金属においても，加工することで丈夫になるので，折り曲げたり，波形にしたりすることで強度を増すことができる。次のページの図は，それらの加工の一例である。

得点アップ！　単に丈夫な構造を覚えるだけではなく，その構造が強くなる仕組みや理由を理解しておこう。

◆断面の形状の加工例

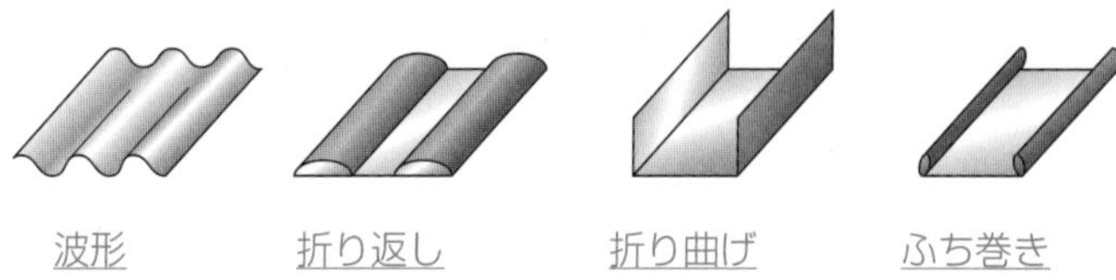

波形　折り返し　折り曲げ　ふち巻き

## 3 接合方法 ★

部品を接合する方法は，下のようなものがある。加工の仕方で接合できるものから，くぎやねじを使用するもの，補強金具を使うものまでいくつかの方法がある。

・木材の場合は，これに加えて接着剤(ざい)を使用することで，より強度を増すことができる。

◆くぎ接合　◆相かきつぎ（相がきつぎ）　◆ほぞつぎ

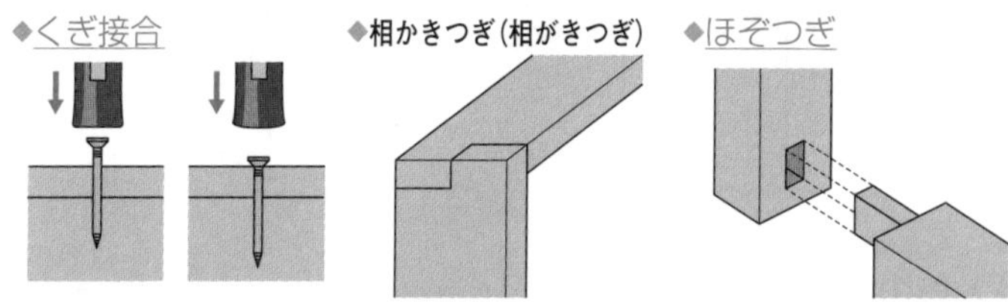

・金属の場合は，下のようにいくつかの方法がある。

◆ねじ接合　◆リベット接合　◆はんだ接合（はんだづけ）

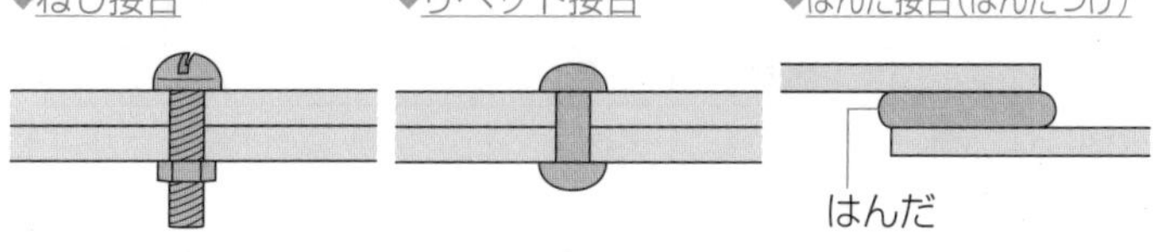


**テストでは**

□① 構造が四角形で不安定な場合，どのような図形の構造で強度が上がるか。
□② 四角形の構造に斜めに板をつけることで，どの方向からの力に対して強くなるか。
□③ 木材の接合で，加工の工夫やくぎ，補強金具とねじに加え何を使うと強度が増すか。

**解答**

①三角形
②水平方向
③接着剤

# 4 図面の描き方・製図

## 1 製　図★

機能や構造，材料について構想をまとめ，その後，制作に必要な図をかくことを製図という。**製図**には，キャビネット図，等角図，第三角法による正投影図などがある。

①**キャビネット図**…立体の**正面**を実物と同じに表し，奥(おく)行(ゆ)きの辺は45°傾(かたむ)け，長さは実物の2分の1の割合とする。

②**等角図**…３辺(縦・横・高さ)の比率が，実物と同じ割合になるように表す。底面の２辺を，水平線に対して30°傾けた線で表し，高さを表す**垂直線**を引く。

◆**キャビネット図**

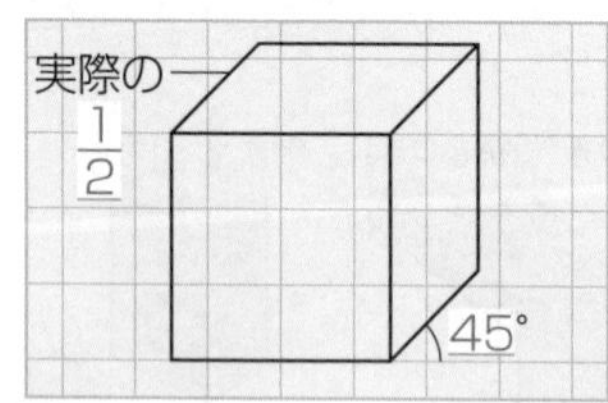


◆**等角図**

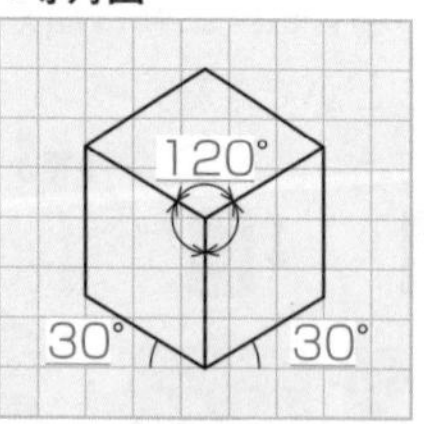


## 2 線の種類と用途

製図では，用途によって下のような線を使い分ける。

線と線は隙間(すきま)がないようにぴったりつなぎ，太線と細線ははっきり描(か)き分ける。

製図には，細い線を描き続けるのに適したＨや2Hの鉛筆(えんぴつ)を使うとよい。

| 名称 | 形 | 線の種類 | |
|---|---|---|---|
| 寸法線 | 実線 | 細線 | |
| 寸法補助線 | 実線 | | |
| 引出(ひきだし)線 | 実線 | 細線 | |
| 外形線 | 実線 | 太線 | ━━━━━━ |
| かくれ線 | 破線 | 細線・太線 | - - - - - - - - - - |
| 中心線 | 一点鎖(さ)線(せん) | 細線 | -・—・—・—・— |
| 想像線 | 二点鎖線 | 細線 | -‥—‥—‥—‥— |

キャビネット図と等角図の違いと特徴，使用する線の種類と用途を整理しておこう。

**寸法線**と**寸法補助線**は寸法・角度などを記入する線，**引出線**は記号や説明を記入するために図から斜めに引き出す線。**外形線**は物の外形で，見える部分を示す線，**かくれ線**は物の見えない部分を示す線。**中心線**は物の中心を示す線，**想像線**は物があるものと仮想して，その外形を示す線である。

## 3 寸法のかき方 ★

寸法の数値は，ミリメートル単位で数値だけを記入する。小さい寸法は**内側**に，大きい寸法は**外側**にかくようにする。

寸法補助記号で，φ(マル)は**直径**，*R*(アール)は**半径**，*t*(ティー)は**板の厚さ**，□(カク)は**正方形の辺**，*C*(シー)は**45°の面取り**を表している。

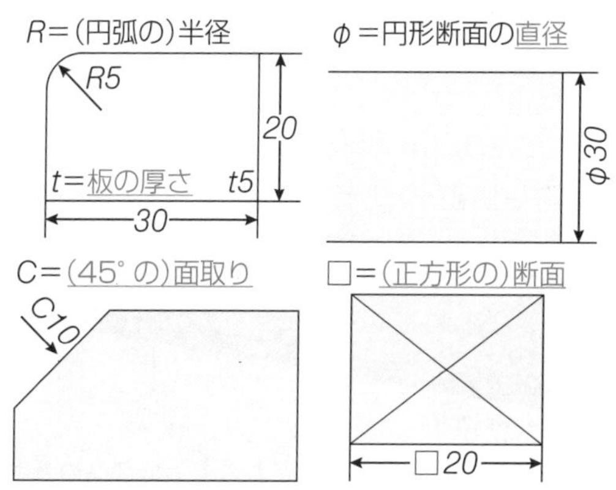




**テストでは**

□① 製図で，奥行きを45°傾けるのは何という図か。

□② 製図の線で，物があるものと仮想して，その外形を示すのは何という線か。

□③ 寸法補助記号で，φは何を表すか。

**解答**

①キャビネット図
②想像線
③直径

〔　　月　　日〕

# 5 製作の準備とけがき

## 1 製作の準備

製作に必要な材料の数量や寸法，材質などをまとめて部品表を作成し，製作の着手から完成までをまとめて(製作)工程表にする。

製作の工程は，「**けがき**」→「**切断**」→「**部品加工**」→「**組み立て**」→「**仕上げ**」となる。

## 2 木材のけがき ★★

- 加工に必要な線を，材料に適した工具で引くことをけがきという。
- 木材へのけがきは，部品の長さ方向と木材の繊維(せんい)方向を合わせ，繊維方向を考えて大きな部品からけがきをする。正面になる部品には，**木目**がきれいな面を選ぶ。また，**同じ幅**の部品をまとめてけがきしたり，木材に**割れ**，**傷**がある部分を選んだりしないことも重要。
- 板材へのけがき方は，平らで直角に交わる２面を基準面として線を引く。さしがねは，長手の内側を基準面にあてる。

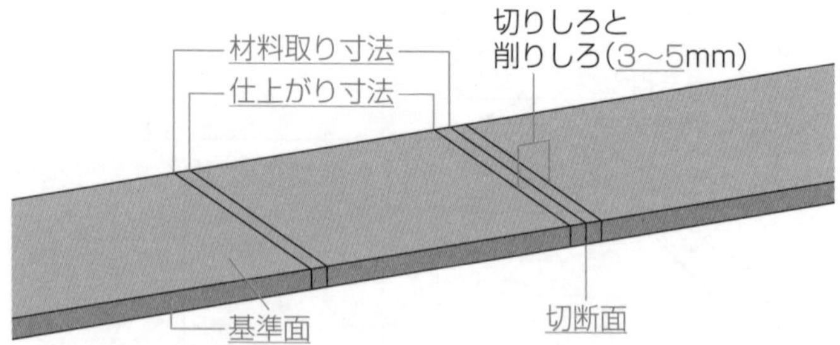


- 角材へのけがき方は，まず，さしがねの長手(ながて)で部品の長さ方向の寸法をとり，しるしをつける。次に，直角定規の**妻手**を基準面に合わせ，基準面に対して直角な線を引く。

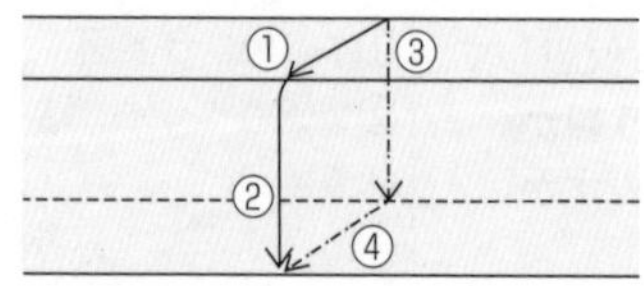


角材の４面にけがきをするときは，左の図の①②③④の順番で線を引く。

得点アップ！ けがきをする材料によって使う工具や方法が違うので，整理しておこう。

## 3 金属のけがき

・金属へのけがきは，鋼尺，直定規，けがき針などを用いる。

・基準とする辺に**鋼尺**や**直定規**などを合わせ，それらの端（はし）に**けがき針**をあてる。そして，けがき針を**進行方向**に少し傾（かたむ）けてけがきをする。

・穴や円の中心をけがくときは，センタポンチの先を，**穴や円の中心**に合わせて軽くたたく。

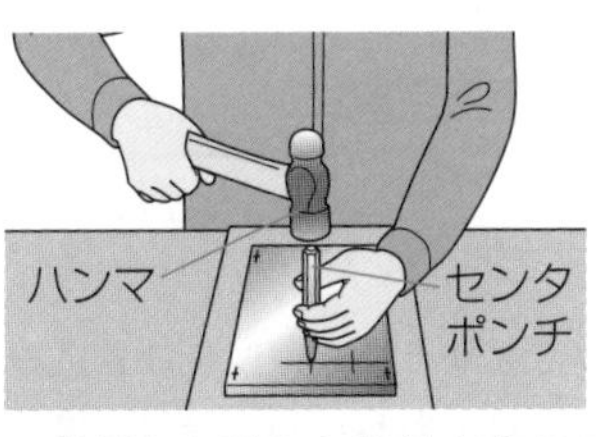


・鋼尺で目盛りを読むときは，斜（なな）めの位置から読むと誤差が生じるため，真上の位置から読む。また，線を引くときは直定規の縁の下側にけがき針の先端（せんたん）を密着させて，進行方向に少し傾けて引く。

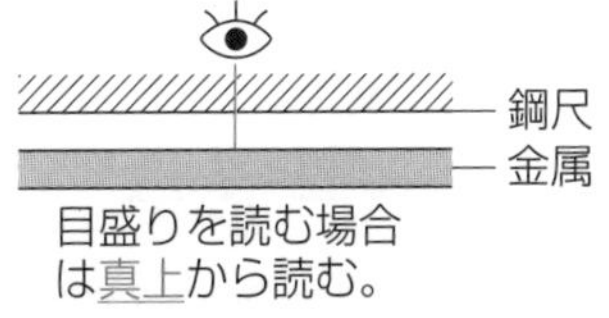


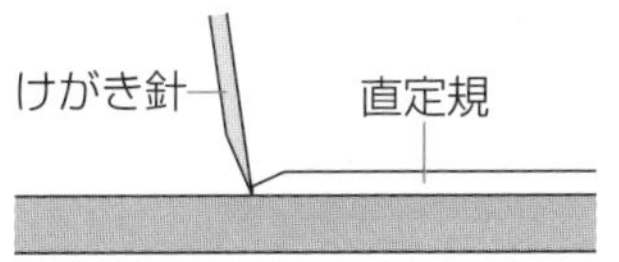


## 4 プラスチックのけがき

プラスチックへのけがきは，木材と金属のけがき用の工具を使い，**保護紙**がはってある場合は，そのまま**鉛筆**（えんぴつ）でけがく。

**テストでは**

□① 木材のけがきで，さしがねのどの部分の内側を基準面にあてるか。

□② 金属のけがきで，鋼尺で目盛りを読むときはどの位置から読むようにするか。

□③ プラスチックのけがきで保護紙がはってある場合は，そのまま何でけがくか。

**解答**

①長手
②真上
③鉛筆

〔　月　日〕

# 6 材料の切断

## 1 のこぎりの仕組みと使い方

・両刃(りょうば)のこぎりには，縦びき用と横びき用のそれぞれの刃がある。

①**縦びき用の刃**…繊維(せんい)にそって切断する。

②**横びき用の刃**…繊維に対して，直角または斜(なな)めに切断する。

◆**のこぎりの各部の名称**

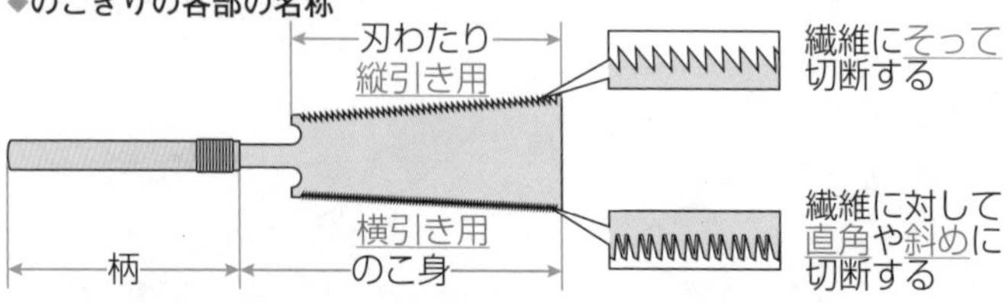


・のこぎりをひく角度を**ひき込み角度**という。ひき込み角度は，**うすい材料・やわらかい材料**と**厚い材料・かたい材料**とで変わる。

①**うすい材料・やわらかい材料**…角度を小さくする。

②**厚い材料・かたい材料**…角度を大きくする。

◆うすい材料･やわらかい材料

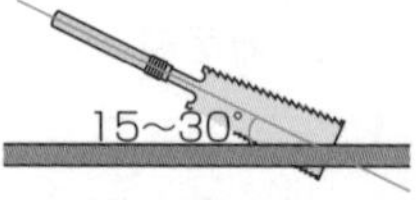


◆厚い材料･かたい材料

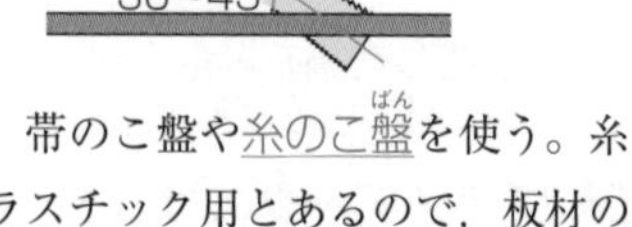


・曲線びきや切り抜(ぬ)きをするときは，帯のこ盤や糸のこ盤(ばん)を使う。糸のこ刃には，木材用，金属用，プラスチック用とあるので，板材の種類や状態によって使い分ける

◆**糸のこ刃の種類**

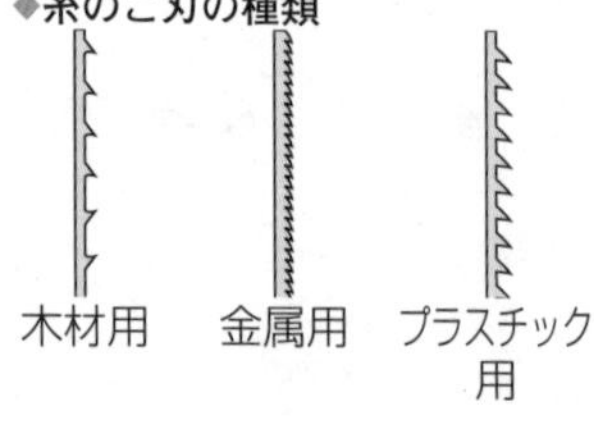


◆**糸のこ盤**

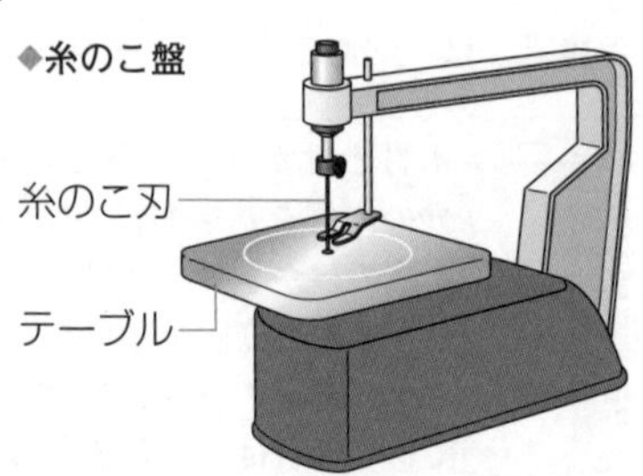

**得点アップ!** 各工具の各部の名称を覚え，材料に応じた使い方と注意事項を頭に入れておこう。

## 2 金属の切断 ★★

薄(うす)い金属板材は金切りばさみを，棒材や厚い金属板材は弓のこを使用し切断する。

◆金切りばさみ

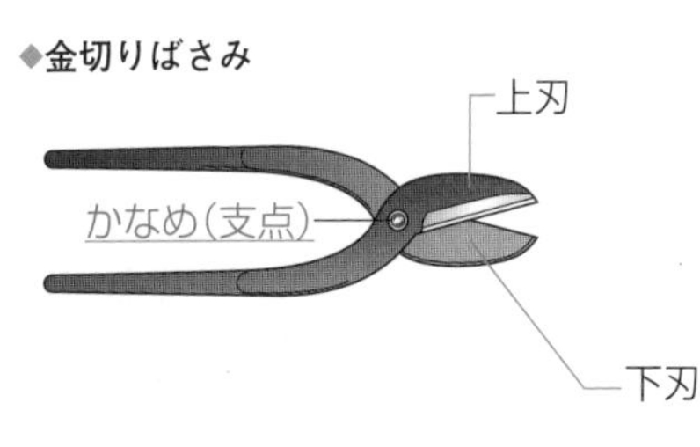


**金切りばさみ**を使う際には，刃先は使わずに刃(は)の中ほどを使うこと，切り進んだら材料を上に引き上げること，切断後は切断面の端(はし)を**やすりがけ**することなどがポイントになる。

弓のこを使う場合は，材料を**万力**に固定し，弓のこを**押(お)して**切断する。

## 3 プラスチックの切断 ★

プラスチックの板材はプラスチックカッタで切断する。

プラスチックカッタを使うときは，けがき線にそって板の厚さの3分の1ぐらいの溝(みぞ)をつける(厚い板材の場合は，**裏側**からも溝をつける)。その後，工作台の端に当てて割る。

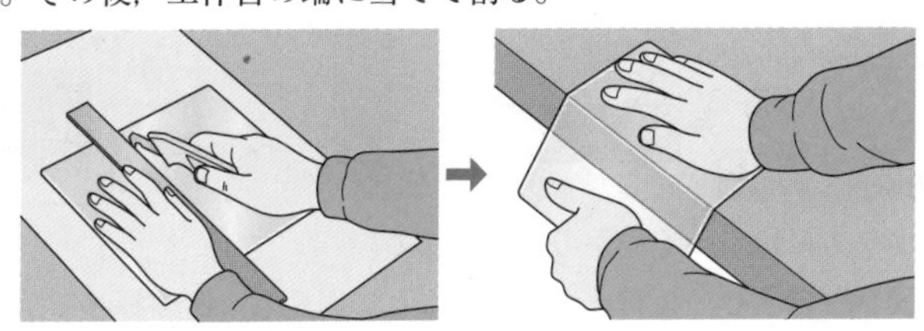

**テストでは**

□① 両刃のこぎりで，繊維にそって切断するのは何用の刃か。

□② のこぎりをひく角度を何というか。

□③ プラスチックカッタを使うときは，けがき線にそって板の厚さのどれくらいの溝をつけるか。

**解答**

①縦びき用の刃

②ひき込み角度

③3分の1

# 7 材料のけずり方

## 1 かんなけずり

かんなでけずることにより，木材の部品を寸法どおりに仕上げ，表面や切断面を**なめらか**にする。かんなの各部の名称は，下のようになっている。

**◆かんなの各部の名称**

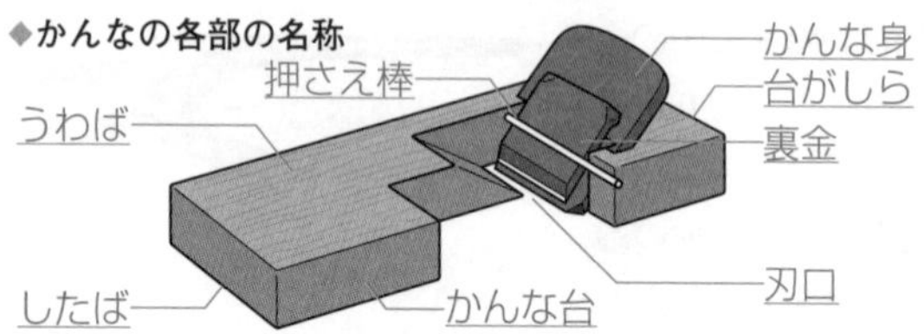


①**かんな身の出し方**…**かんな身のかしら**をたたく。

②**かんな身の抜き方**…**台がしらの角**をかんな身と平行に，左右交互にたたく。

③**刃先の調整の仕方**…**したば面が線に見える**ような位置に台じり側をもって，目線を合わせる。かんな身の刃先の出を確認する。

④**裏金の調整の仕方**…裏金の上部をかんな身に沿って軽くたたく。

◆刃先の調整

◆裏金の調整

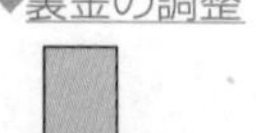

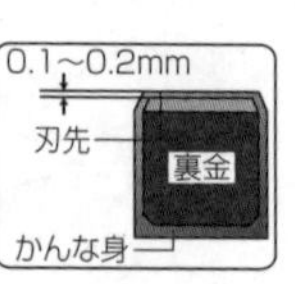


・けずり方には，いくつかの方法がある。

①**平面(平)けずり**…板材をあて止めなどに固定し，腰(こし)の移動で手前にまっすぐ引く。

②**こばけずり**…板材をけずり台に固定し，かんなのこばを工作台の上をすべらせながら，まっすぐ一気に引く。

③**こぐちけずり**…こぐちの端(はし)は**割れやすい**ので一気にけずらないようにする。最初に板幅(はば)の3分の2ほどをけずり，板材を裏返して残りの3分の1をけずる。

**得点アップ!** かんなとやすりの役割，各部の名称とけずり方を確認し，作業がイメージできるようにしておこう。

◆平面(平)けずり

◆こばけずり

◆こぐちけずり

## 2 やすりがけ ★

やすりがけもかんなけずりと同じく，部品を寸法どおりに仕上げ，表面や切断面を**なめらか**にするために行う。

やすりがけは，軽くこするようにけずる。やすりがけの方法には，直進法と斜進法(しゃしん)などがある。

①**直進法**…仕上がりが**きれい**になる。

②**斜進法**…けずれる量が多い。荒(あら)けずりになる。

◆やすりの各部の名称

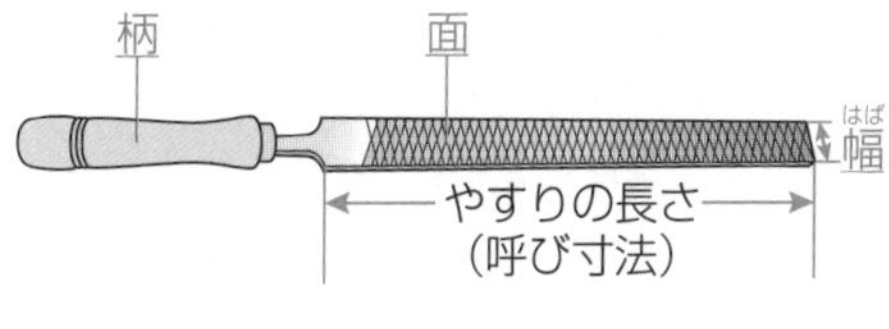



◆直進法　◆斜進法

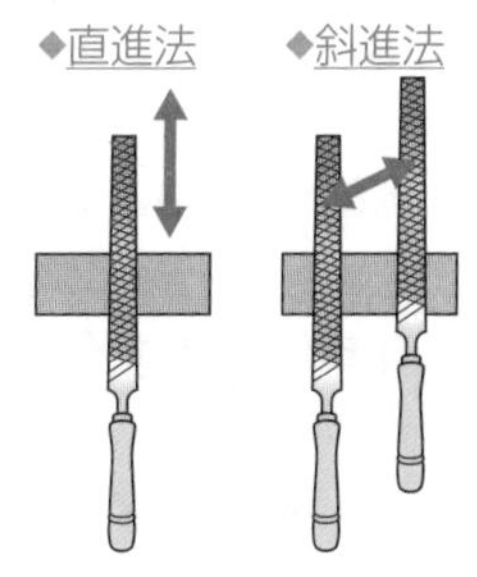

**テストでは**

□① かんな身を出すときはどこをたたくか。

□② かんなのこばを工作台の上をすべらせながら一気に引くかんなのけずり方を何というか。

□③ 一般的なやすりがけの方法を何というか。

**解答**

①かしら

②こばけずり

③直進法

# 8 穴あけ・折り曲げ・ねじ切り

## 1 穴あけ★

板材(木材や**金属**，**プラスチック**素材)に穴をあけるときは，卓上ボール盤を使う。卓上ボール盤を使う手順は，始めに高さを調整してテーブルを固定し，穴あけの深さを調整する。次に，ドリルの**先端**を，**センタポンチ**でつけた穴あけの位置に合わせ，木材の場合は**クランプ**，棒材の場合は**万力**などで固定する。最後にスイッチを入れて板材に穴をあける。

◆卓上ボール盤の各部の名称とドリルの種類

| ドリルの形状 | | | |
|---|---|---|---|
| 用途 | 木材<br>金属<br>プラスチック | 木材 | プラスチック |



## 2 折り曲げ★

材料に適した工具を使用して折り曲げをする。

金属の折り曲げでは，打ち木と折り台を使用，折り曲げ機を使用，ポケットベンダーを使用，万力を使用などの方法がある。

①**打ち木と折り台を使用**…打ち木で両端を先に打ってから中央を打ち，折り曲げる。

②**折り曲げ機を使用**…押さえ刃にけがき線を合わせて折り曲げる。

③**ポケットベンダーを使用**…工具に金属を挟んで手で折り曲げる。

◆打ち木と折り台



◆折り曲げ機



◆ポケットベンダー

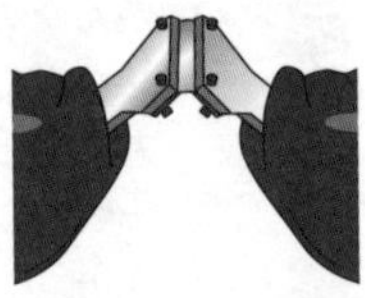

**得点アップ!** タップでねじ切りをするのはめねじで，ダイスでねじ切りをするのはおねじ。混同しないようにしよう。

プラスチックの折り曲げでは，(曲げ用)ヒータを使用する。曲げる部分をヒータに合わせて載(の)せ，台の角に当てて曲げた後に，**ぬれた布**をあてて冷やす。

**◆プラスチックの折り曲げ**

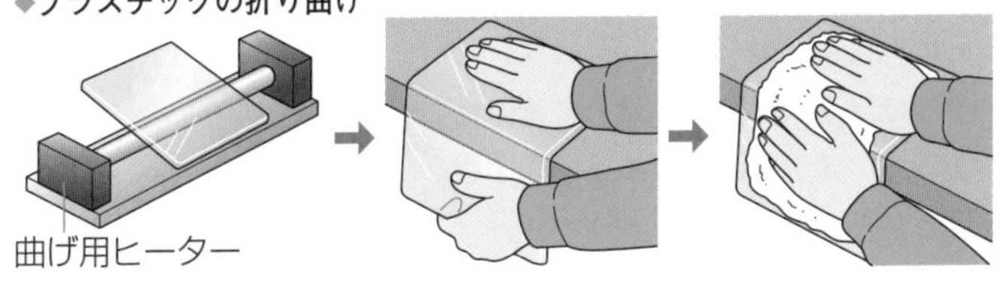




## 3 ねじ切り ★

ダイスで**おねじ**を切り，タップで**めねじ**を切る。

①**おねじの切り方**…材料を万力に垂直に固定し，ダイスをゆっくりと右に回し，**刻印**面を食いこませる。このとき，ダイスが水平になっているかを確かめてから切り進める。

②**めねじの切り方**…下穴が万力に垂直になるように材料を固定し，タップを**下穴**にあててゆっくりと右に回す。タップが下穴に食いついたときに，タップが垂直になっているかを確かめてから切り進める。

**◆おねじを切る**

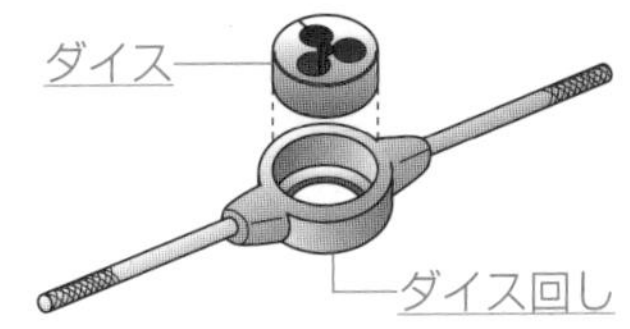


**◆めねじを切る**

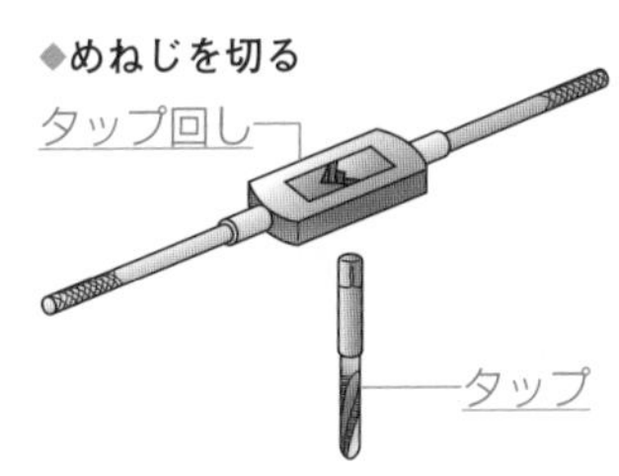


**テストでは**

□① 卓上ボール盤では木材を何で固定するか。

□② プラスチックの折り曲げでは，何を使用するか。

□③ ダイスでねじ切りをするのは，おねじかめねじか。

**解答**

①クランプ
②曲げ用ヒータ
③おねじ

〔　月　日〕

# 9 接合，塗装

## 1 くぎ接合

・くぎの長さは，板の厚さ(t)の2.5〜3倍を標準とする。こばの場合は板の厚さ(t)の2.5倍程度，こぐちの場合は板の厚さの2.5(3)倍以上。

・手順は，下穴を板面に対して**垂直**にあける。深さは，くぎの2分の1程度とする。

・次に，接着剤(ざい)を塗(ぬ)る(塗らない場合もある)。**薄(うす)く均一**に塗る。

・くぎを打つ。最初は**げんのう**の平らな面で打ち，終わりのほうでは板面が傷つかないように曲面を使って打つ。はみ出た接着剤は，水で濡(ぬ)らした布でふき取る。

◆こばに打つ　◆こぐちに打つ

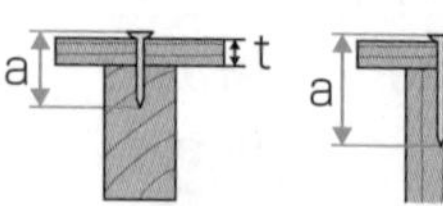


aはtの2.5倍　aはtの＊2.5倍以上

＊3倍とするものもある。

打ちはじめ　打ちおわり

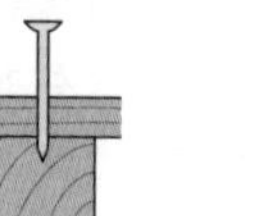

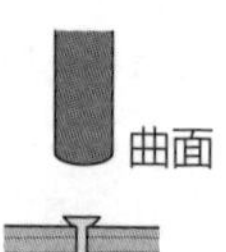


## 2 ねじ接合

・木ねじを使用する場合，長さは板の厚さ(t)の2.5倍程度とし，**三つ目ぎり**(もしくはドリル)で木ねじの長さの3分の2の深さまで穴をあける。次に，穴の周囲をけずり(丸木ねじの場合は不要)，ねじ回しを上から押(お)さえながら**右**方向に回してねじ込む。

・小ねじあるいはボルトだけで接合する場合と，ナットを併用(へいよう)する場合がある。

◆ねじ込みの順序

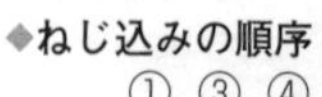


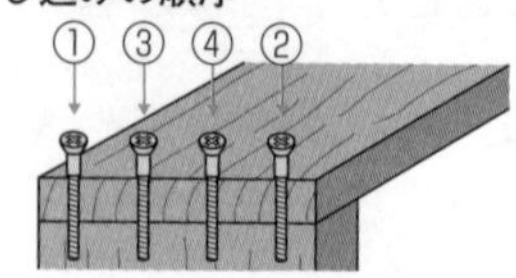

◆きりの種類

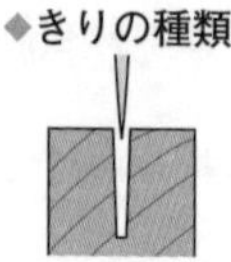
四つ目ぎり

三つ目ぎり

**得点アップ!** くぎ接合とねじ接合では出てくる数字をおさえておこう。また，各接合方法がどの素材に使われるものかも重要。

## 3 接着剤による接合 ★

接合する材料に適したものを選び，接着する。

接着剤は，つけすぎると接着力が**弱く**なることがある。また，つけすぎると仕上がりも**きたなく**なるので注意が必要。

木材の接着をするときは，はたがねやクランプを使って固定する。

・接着剤の種類と特徴

| 接着剤の種類 | 特徴 |
|---|---|
| 酢酸ビニル樹脂系エマルション形 | 接着剤の中の水分が乾燥すると固まる。接着力は強めだが，熱や水には弱い。 |
| エポキシ樹脂系 | 2種類の液を混ぜることで起こる化学反応を利用している。接着力が強く水にも強い。 |
| 合成ゴム系 | 接着剤の中の溶剤が揮発すると固まる。接着力は比較的弱い。 |
| シアノアクリレート系 | 液状。短時間で固まる。接着力がとても強いので，皮膚などにつかないようにする。 |

## 4 塗　装 ★

表面を傷やさび，汚れから守ってきれいに保つために行う。

木材では，まず素地の調整をする。表面があらいときは番号の小さい研磨紙(目の**あらい**もの)を使い，仕上げは番号の大きいもの(目の**細かい**もの)を使う。次に塗装をする。木材にははけ塗り，金属にははけ塗りや吹き付け塗装，ひたし塗りなどの方法がある。

**テストでは**

□① くぎを打つ際，打ちはじめは，げんのうの平らな面，曲面のどちらを使用するか。

□② 接着剤は，つけすぎると接着力がどうなることがあるか。

□③ 木材を塗装する前に，何を行うか。

**解答**

①平らな面
②弱くなる
③素地の調整

〔　月　日〕

# エネルギーの変換と利用

## 1 発　電 ★

主な発電方式として，火力発電，原子力発電，水力発電，風力発電，太陽光発電などがある。

- **火力発電**…**石炭**，**石油**，**天然ガス**などの化石燃料を使用する。海辺や都市部に近い場所に建設されることが多い。
- **原子力発電**…ウランなどの核(かく)燃料を使用する。海辺に建設されることが多い。
- **水力発電**…水を利用し，山間部に建設されることが多い。
- **風力発電**…風を利用し，風が強く吹(ふ)く海辺に設置されることが多い。
- **太陽光発電**…太陽光を利用し，住宅や建物にも設置することが可能。

## 2 電気に関する基礎知識 ★

- **電流**…電気回路に流れる電気の量で，単位はA(アンペア)。
- **電圧**…電流を流そうとする力で，単位はV(ボルト)。
- **抵抗**(ていこう)…電流の流れにくさで，単位はΩ(オーム)。
- **オームの法則**…抵抗 $R$(Ω)と電流 $I$(A)，電圧 $V$(V)との間には，$V = R \times I$ の関係があり，これをオームの法則という。
- **電力**…抵抗(Ω)に電圧(V)を加えたときに流れる電流によって1秒間に消費される電気エネルギーを電力 $P$ といい単位はW(ワット)。$P = IV$

## 3 熱エネルギーへの変換 ★★

電気アイロンや電気ストーブは，**電気エネルギー**を**熱エネルギー**に変換する。それぞれの機器の回路図は，下のようになる。

◆**電気アイロンの回路図**

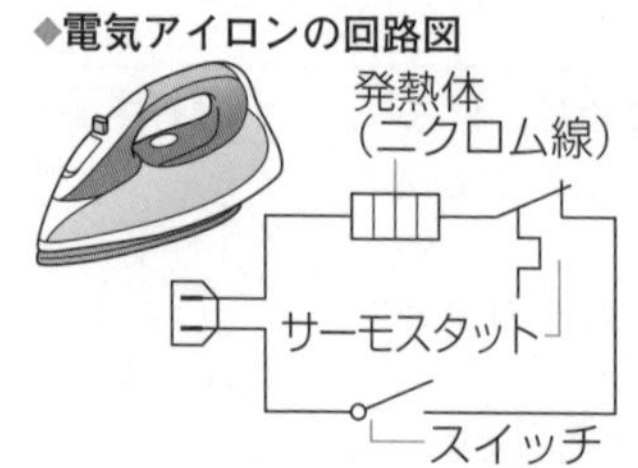


◆**電気ストーブの回路図**

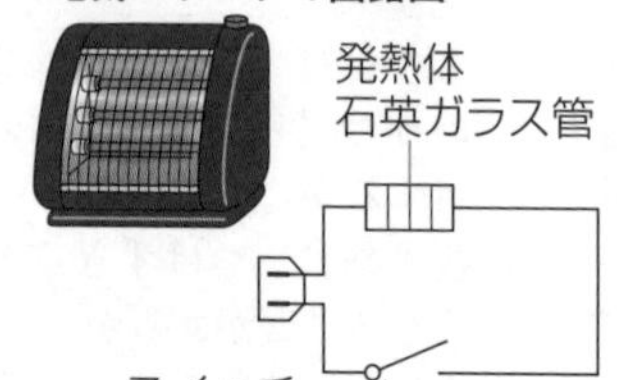

**得点アップ!** 電気エネルギーから変換される別のエネルギーの種類と，その仕組みをおさえよう。

## 4 光エネルギーへの変換

白熱電球や蛍光灯は，**電気エネルギー**を**光エネルギー**に変換する。

①**白熱電球**…フィラメントに電流が流れると，電流による発熱作用で高温になって発光する。

②**蛍光灯(蛍光ランプ)**…放電を利用して，蛍光物質を発生させている。

◆**白熱電球の仕組み**　◆**蛍光灯(蛍光ランプ)の仕組み**

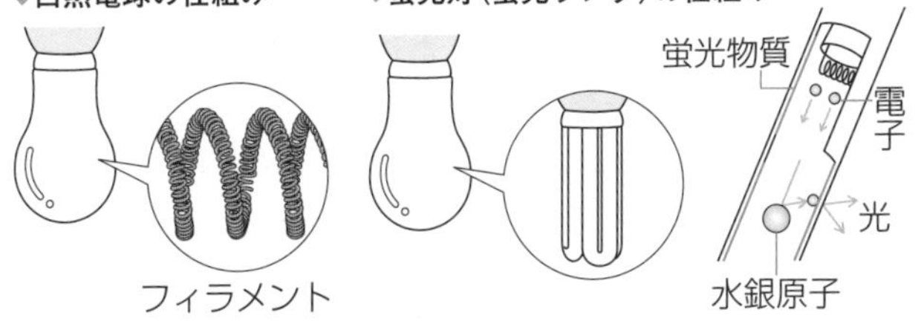


③ **LED**…白熱電球や蛍光灯(蛍光ランプ)と比べて省エネルギーで，なおかつ長寿命であるという特徴がある。

## 5 運動エネルギーへの変換

モータは，**電気エネルギー**を**運動エネルギー**に変換している。

①**直流(直流整流子)モータ**…複雑な構造で，速度調節が必要な機器に用いられる。

②**交流同期(交流整流子)モータ**…**電圧**や**周波数**を制御して回転数を変え，大きな出力が得られる。回転方向は一定である。

③**ステッピングモータ**…回転を**角度単位**で制御することが可能。**プリンタ**など。

**テストでは**

□① 石炭，石油，天然ガスなどの化石燃料を使用する発電方式は何か。

□② 電圧の単位は何か。

□③ プリンタなどに用いられているモータを何というか。

**解答**

①火力発電
②V
③ステッピングモータ

# 11 動きを伝達する仕組み

## 1 かみ合いで伝達する

かみ合いで回転運動を伝達する仕組みとしては，平歯車，かさ歯車，ラックとピニオン，ウォームギヤ(ウォームと歯車)，スプロケットとチェーン，歯つきベルトと歯つきプーリがある。

①**平歯車，かさ歯車，ラックとピニオン，ウォームギヤ(ウォームと歯車)**…２軸が近いときに用いられ，**滑らずに**運動を伝える。**回転速度**を変えたり，**回転方向**を変えたりするのに用いられる。

②**スプロケットとチェーン**…２軸が比較的離れているときに用いられる。滑りはなく，回転が速くなると音も**大きく**なる。

③**歯付きベルトと歯付きプーリ**…２軸が比較的離れているときに用いられる。滑りはなく，音も**小さい**。

◆平歯車

◆かさ歯車

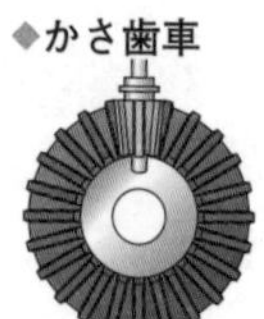

◆ラックとピニオン

◆ウォームギヤ

◆スプロケットとチェーン

チェーン

スプロケット

◆歯付きベルトと歯付きプーリ

## 2 摩擦で伝達する

摩擦で回転運動を伝達する仕組みとしては，摩擦車，(V)プーリと(V)ベルトがある。

①**摩擦車**…２軸が近いときに用いられ，２軸の回転は逆方向。大きな力が加わっても，**滑り**によって破損を防ぐ。

②**(V)プーリと(V)ベルト**…２軸が離れているときに用いられ，大きな動力を伝えたときに**滑りやすい**。

得点アップ！ それぞれの仕組みや機構が，どういったときに用いられ，どういった特徴があるかを覚えておこう。

## 3 リンク機構 ★★

リンク機構（装置）は，基本的に４本のリンク（棒）で成り立っている。リンクの組み合わせや長さを変えることで，回転運動を揺動（ようどう）運動（支点を中心とする，範囲（はんい）の定まった揺（ゆ）れ）や往復直線運動に変える。

リンク機構（装置）には，両てこ機構，平行クランク（両クランク）機構，てこクランク機構，往復スライダクランク機構などがある。

①**両てこ機構**…２本のてこが揺動する。

②**平行クランク（両クランク）機構**…てことクランクがいつも平行に回転する。

③**てこクランク機構**…クランクの回転運動をてこの揺動運動に変える。その逆にも用いられる。

④**往復スライダクランク機構**…クランクの回転運動を，スライダの往復直線運動に変える。その逆にも用いられる。

◆両てこ機構

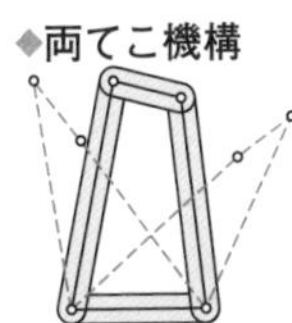

◆平行クランク機構

◆てこクランク機構

◆往復スライダクランク機構

## 4 カム機構 ★

回転軸（じく）などにカムと呼ばれる円盤（えんばん）などを取り付けることで，回転運動を揺動運動や往復直線運動に変える仕組みである。

◆カム装置

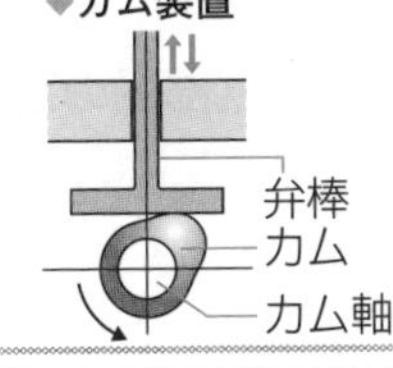

□① スプロケットとチェーンは２軸の距離がどのようなときに用いられるか。

□② (V)プーリと(V)ベルトは，大きな動力を伝えたときにどうなりやすいか。

□③ てことクランクがいつも平行に回転するリンク機構（装置）は何か。

**解答**

①離れているとき
②滑りやすい
③平行クランク機構

技術・家庭 技術分野

# 機器の安全な使い方

## 1 電気事故の防止 ★★

機器の故障や配線不良などが原因で，回路以外に電流が流れる(ろう電)が起き，感電(電気が人の体に流れること)や火災につながる恐れがある。これを防ぐためにブレーカ(回路を自動的にしゃ断する装置)がある。

ブレーカには，下のような機器が設置されている。

①**電流制限器**…契約(けいやく)電流を超(こ)えたときに作動するブレーカ。
②**ろう電しゃ断器**…ろう電したときに作動するブレーカ。
③**配線用しゃ断器**…負荷(ふか)に過電流が流れたときに作動するブレーカ。

◆**一般的なブレーカ**

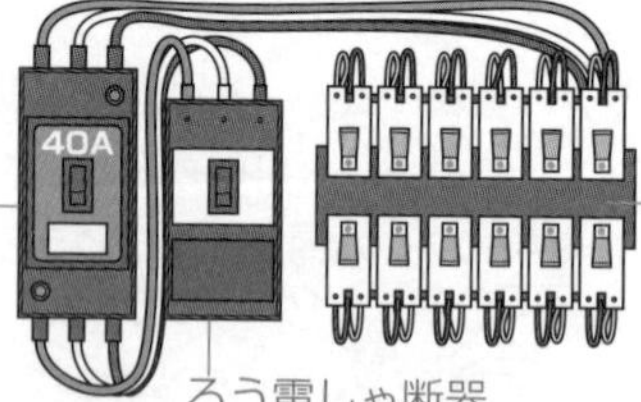


アース線(**地中に埋(う)まった銅板に接続されている電線**)を接続することで，ろう電による感電を防ぐことができる。

## 2 電気部品の定格 ★

電気部品には，安全に使えるように電流や電圧に限度が決められている。それぞれ，定格電流と定格電圧という。

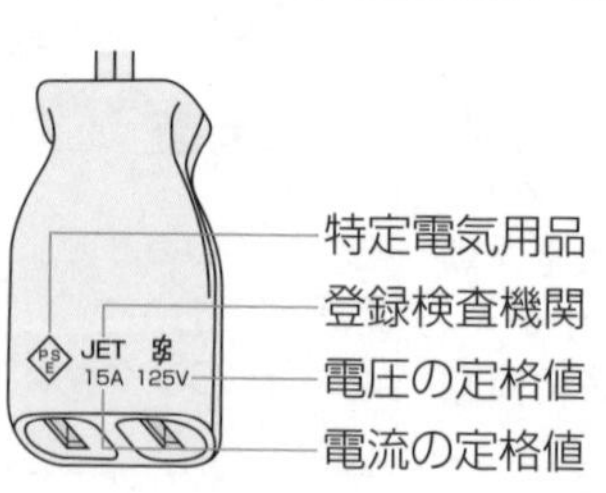


・**定格電流**…流してもよい電流。
・**定格電圧**…加えてもよい電圧。
・**特定電気用品**…構造や使用方法などが適切でないと，危険や障害が発生する危険がある電気用品。

**得点アップ!** 事故を防止するための機器と使い方，各部の名称をしっかり覚えよう。

## 3 消費者用警告図記号

家庭で使用する製品には，取扱説明書がついていて，製品を使用する際の**禁止行為**などを表した図記号が示されていることがある。

分解禁止

一般注意

一般指示

接触禁止

感電注意

コンセントから電源プラグを抜け



## 4 回路計の使い方

◆デジタル式 **回路計**

モードスイッチ
ロータリスイッチ
テスト棒

◆アナログ式**回路計**

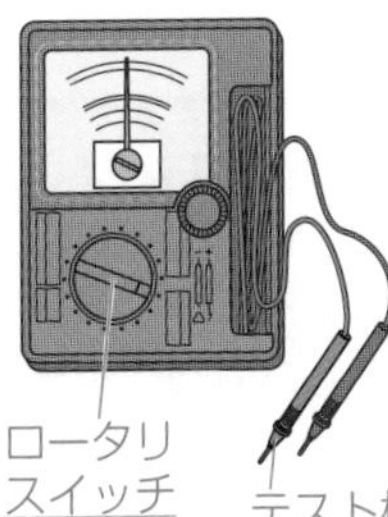


回路計を用いることで，電圧，電流，抵抗などの電気量を測ることができる。

電気量に合ったスイッチを選択。

感電する恐れがあるので，測定するときはテスト棒の金属部分には触れない。

**テストでは**

□① 契約電流を超えたときに作動するブレーカを何というか。

□② 流してもよい電圧のことを何というか。

□③ 回路計を用いることで，電圧，電流，抵抗などの何を測ることができるか。

**解答**

①電流制限器
②定格電圧
③電気量

〔　月　日〕

# 生物を育てる技術

## 1 生物育成の技術 ★

生物の育成の目的には，食料生産，材料や燃料の生産，**健康・医療への利用**，**自然環境の保全**などがあげられる。

生産者は，安定した食料の生産や品質向上，作業の効率化，コスト削減など，さまざまな面から生物を育成する技術を発展させてきた。そのおもな技術は，育成環境を調節する技術，生物の成長を管理する技術，生物の特徴を改良する技術である。

- **育成環境を調節する技術**…植物の場合は光や温度，水，湿度などの環境を成長段階に応じて整える。家畜などの場合は畜舎の温度や換気などで清潔な環境を保つ。
- **生物の成長を管理する技術**…各成長段階に応じて適切に肥料や餌を与える。植物の場合は支柱を立てるなどの管理も含まれる。
- **生物の特徴を改良する技術**…品種改良技術などを用いて，その生き物がもっている特徴を改良する。

## 2 植物を育てる技術 ★★

植物の育成に影響する**気象環境**には，光，大気，温度，水などがある。そのほかにも，**生物環境**や**土壌環境**などが育成の良し悪しを左右する。植物を育てる技術とは，それらの環境要因（環境条件）を整えて植物の成長を管理する技術のことである。

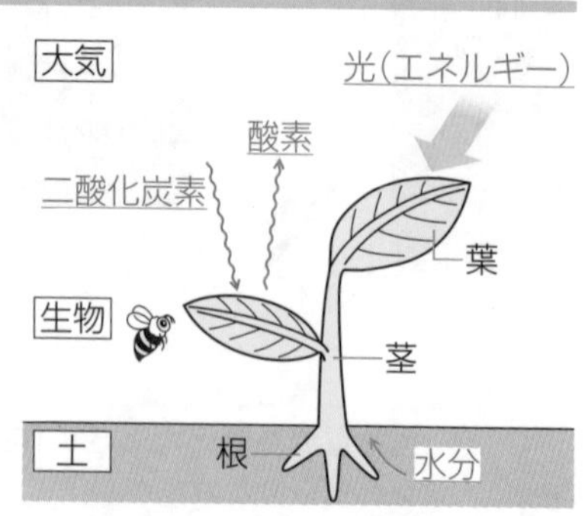


植物は，**光（エネルギー）**と**水**と**二酸化炭素**を利用して**光合成**を行い，養分をつくっている。

植物を育てる技術と動物を育てる技術には，どういった方法があるのかをおさえておこう。



## 3 動物を育てる技術

人間は，動物を家畜化することで，人にとっての労力や食料として，動物を活用してきた。人間は，家畜の環境をすべて**管理**している。家畜の管理には，**給餌や給水**，**環境と衛生**など，**繁殖**などといった技術が必要となる。

①**給餌や給水**…家畜の種類や発育のようすなどに合わせて，飼料を与える。

②**環境と衛生**…家畜の種類や成長に適した環境を保つ。病気の発生や感染を防ぐために，畜舎の清掃や換気などの環境管理と，消毒(除ふん)などの衛生管理を行う。

③**繁殖**…人工授精技術の発達により，品種改良が進み，より高い能力をもった家畜が生産されるようになった。

**魚介類**については，養殖や栽培漁業が行われている。

・**栽培漁業**…ある海域に，人工的に育てた稚魚を放流して漁獲量を増加させる漁業のこと。

## 4 生物育成の技術の工夫

生物育成の技術は，消費者である社会の要求に応える形で発展してきた。その要求には**食料の安定供給**，**安全性の確保**，**品質の向上**，**収穫量の増加**などがある。こうして発展した技術に，ビニルハウスなどの**温室栽培**，天候に左右されず施設の中で植物を生産する植物工場などがある。植物工場の中では光や温度などを人工的に管理している。

**テストでは**

□① 植物は，光(エネルギー)と水と何を利用して光合成を行うか。

□② ある海域に，人工的に育てた稚魚を放流して漁獲量を増加させる漁業を何というか。

□③ 施設内で，天候に左右されることなく植物を生産する環境を何というか。

**解答**

①二酸化炭素
②栽培漁業
③植物工場

〔　月　日〕

# 生物の育成計画 ①

## 1 植物の育成環境

植物が育つには，周囲の環境が大きく影響する。そのおもなものに気象環境，土壌環境，生物環境があげられる。育成環境は**品種によって異なる**ので，適した環境条件を整える必要がある。

・**気象環境**…大気，光，雨，温度，湿度など
・**土壌環境**…土壌粒子，養分，水分など
・**生物環境**…微生物，昆虫，鳥など

## 2 土

土の構造の種類には，団粒構造と単粒構造がある。

①**団粒構造**…土の細かな粒が集まって小さな塊になった状態。保水性があり，通気や水はけがよいため，植物がよく育つ。

②**単粒構造**…小さな粒だけで，塊にならない状態。水はけが悪く，通気がよくないので，植物の生育に適さない。ほかの土と混ぜて使われる。

◆**団粒構造**

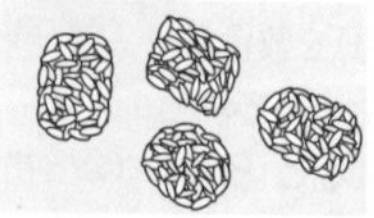

すき間が大きく，塊がある。

◆**単粒構造**

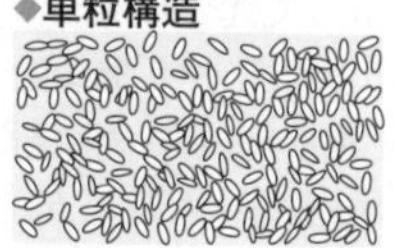

小さな粒子ばかりで塊がない。

植物が育つ仕組みや条件をおさえ，成長を促す技術を覚えるようにしよう。

## 3 肥　料

植物の生育には，窒素(N)やリン酸(P)，カリウム(K)などの養分も必要。これらを肥料の三大要素といい，土の中で水に溶けて**根**から吸収される。

①**窒素**…茎や葉，根の成長に必要。

②**リン酸**…花や新しい根などの，成長の盛んな部分の発育に必要。

③**カリウム**…光合成を盛んにして，果実や根を育てる。

・肥料を与える時期には，**栽培の初め**と**栽培の途中**がある。

①**栽培の初め**…元肥と呼ばれる。植えつける前に与える。

②**栽培の途中**…追肥と呼ばれる。生育状態に応じ，肥料不足にならないように行う。

・肥料の種類には，化学肥料(**無機質肥料**)と有機質肥料がある。

①**化学肥料(無機質肥料)**…無機質を原料とし，**化学的**につくられた肥料。水に溶けて**素早く**効果を発揮する。

②**有機質肥料**…動植物や動物の排せつ物などを原料としたもの。効果が出るのは**ゆっくり**だが，効果は**長い**。

## 4 病気と農薬

高温，低温，多湿，日照不足などが続くと病気にかかりやすくなる。病気の原因である**カビ**や**ウイルス**などは，空気や土の中にいて，植物などに付着して，傷口などから体内に侵入する。

病気の予防や治療には殺菌剤や殺虫剤，除草剤などの農薬を使うが，人の体や周りの生態系への影響から，使用を**最小限**にする工夫が必要。

**テストでは**

□① 大気や光などの環境のことを何というか。

□② 土の細かな粒子が集まって小さな塊となっている構造を何というか。

□③ 動植物や動物の排せつ物などを原料とした肥料を何というか。

**解答**

①気象環境
②団粒構造
③有機質肥料

技術・家庭　技術分野

〔　月　日〕

# 15 生物の育成計画 ②

## 1 種まき，移植・定植，かん水

種まきには，じかまき，セルトレイまき，ポットまき，点まき，すじまき，ばらまきなどの方法がある。

①**じかまき**…**種が大きかったり，移植に向かなかったり**するものを直接花壇や畑にまく方法。

②**セルトレイまき**…**セルトレイ箱**などに種をまくことで，屋内で管理ができ，かん水や**温度調節**などがしやすい。

③**ポットまき**…**ポリポット**などに種をまくことで，発芽後の**移植を省く**ことができるため，移植に向かないものにも適している。

④**点まき**…**大きい種**や**値段の高い種**など，**間引きをしたくない**ときに適している。

⑤**すじまき**…**通常の大きさ**の種に適している。**間引きをしやすい**。

⑥**ばらまき**…種が**細かい**ため，すじまきや点まきがしづらいときに適している。

◆じかまき

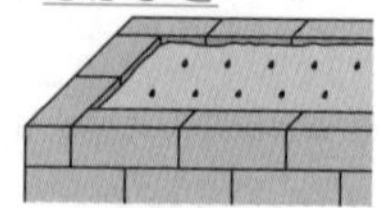

◆セルトレイまき

◆ポットまき

◆点まき

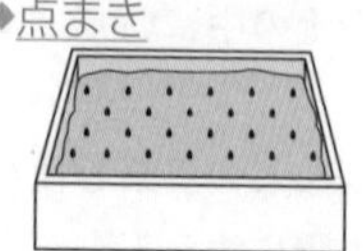

◆すじまき

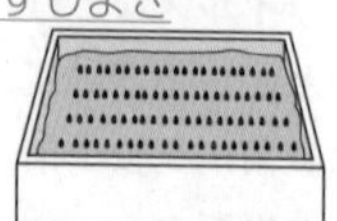

◆ばらまき

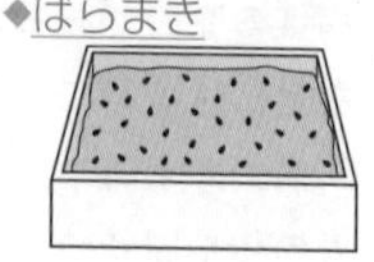

・間引きとは，品質や発育をそろえるために成長の悪い苗を抜き，栽培に適した苗を残すこと。

・植物を植え変えることを移植という。また，その後に植え変えず，植物を成長させることを定植という。

・かん水をする場合は，鉢やプランターの**底から水が流れ出るまで**行う。

種まきから収穫までの一連の流れを頭に入れ，その時々での育成方法を覚えよう。



## 2 誘引★

植物の茎が，実の重さなどで倒れないように，植物と支柱を結ぶことを誘引という。

◆正しい誘引

◆正しくない誘引

## 3 摘芽・摘しん★

成長を促す方法として，摘芽と摘しんがある。

①**摘芽**…植物のわき芽を付け根ごと摘み取り，茎の先端部の成長を促す。

②**摘しん**…植物の先端部を切り取り，結実やわき芽の成長を促す。

◆摘芽　◆摘しん

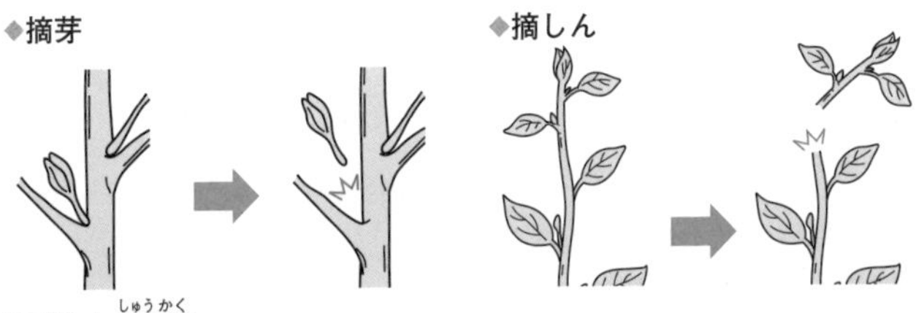

## 4 受粉と収穫

受粉することで果実が結実する。果実が大きくなり，熟したら収穫を行う。

□① 間引きをあまりしたくないときに適合する種まきの方法を何というか。

□② 種をまいた後，品質や発育をそろえるため，適した苗を残すことを何というか。

□③ 茎の先端部を切り取ることで，結実やわき芽の成長を促す方法を何というか。

**解答**

①点まき
②間引き
③摘しん

〔　月　日〕

# 16 野菜と草花の栽培

## 1 穀物の栽培

**イネ**のペットボトル栽培のポイントは下のとおり。

・土は，黒土：赤玉土：鹿沼土を６：３：１で混ぜる。

・**定植**…３，４枚くらい葉がでたら，２，３本まとめて植えつける。

・**水**…定植の際，土の表面から 2 cm ～ 3 cm ほどに調整する。

・**中干し**…茎数が 20 本ほどになったら水を抜き，中干しをする。

## 2 野菜の栽培 *

**ナス**の栽培のポイントは下のとおり。

・土は，たい肥などの有機物が多く，保水性や排水性がよいもの。

・***連作障害**…ナス科を育てた土は，４～５年空ける。

・**肥料**…追肥を行い**肥料を絶やさない**ようにする。

・**定植後**…一番花のすぐ下の芽を２本残して，残りの芽は取り除くようにする。

*__連作障害__…同じ科の植物を同じ土で作り続けると，**病害虫**が発生しやすくなること。

**ダイコン**の栽培のポイントは下のとおり。

・**連作障害**…ダイコンを育てた土は，１～２年空ける。

・**肥料**…**元肥入り**の培養土を使う。

・本葉が４，５枚になったら**間引き**を行う。

**ラッカセイ**の栽培のポイントは下のとおり。

・**連作障害**…ラッカセイを育てた土は，２～３年空ける。

・**種まき**…コンテナにじかまきする。

・**追肥**…葉の色が悪くなったら追肥する。追肥は**株の周り**に行う。

・**管理**…花が咲き，受粉すると，子房柄が土の中にのびる。子房柄がコンテナの外に出ていたら，土の上にもどす。

穀物・野菜・草花の，それぞれの作物に適した環境や栽培方法をおさえておこう。

**ジャガイモ**の栽培のポイントは下のとおり。

- **連作障害**…ジャガイモを育てた土は，3～4年空ける。
- **土**…たい肥(ひ)が入っているものを使用する。
- **光**…土の中のジャガイモに光が当たらないようにする。
- **土寄せ**…成長に合わせてしっかり行う。

## 3 草花の栽培

**キク**の栽培のポイントは下のとおり。

- **土**…腐葉土(ふようど)とたい肥が混ざった水はけのよい弱酸性の土を使用。その際，腐葉土を多くする。
- **栽培場所**…風通しと日当たりがよく，夜に照明などの光が当たらない場所にする。
- **かん水**…土の表面が乾(かわ)いたら行う。
- **摘(てき)らい**…中心のつぼみを2，3個残すように摘(つ)み取り，直径が8 mm ほどになったら1個にする。

パンジーの栽培のポイントは下のとおり。

- **土**…**元肥入り**の培養土を使用する。
- **連作障害**…パンジーを育てた土は，1～2年空ける。
- **種まき**…種が小さいので土に置く程度にして，**薄く**土をかぶせる。日陰の風通しの良い場所で管理し，芽が出たら日光に当てる。
- **移植**…本葉が4，5 枚になったらポットに**移植**し，**かん水**する。十分に日光の当たる場所に置くと丈夫に育つ。

**テストでは**

□① イネのペットボトル栽培は水を土の表面から何 cm くらいに調整するか。

□② ダイコンは連作障害をさけるため，何年土を空けるか。

□③ キクの栽培では，何性の土を使用したほうがよいか。

**解答**

①2～3cm
②1～2年
③弱酸性

技術・家庭 技術分野

〔　月　日〕

# 17 コンピュータ ①

## 1 コンピュータの機能

コンピュータには，入力機能，出力機能，演算機能，記憶機能，制御機能の５つの機能がある。

①**入力機能**…コンピュータに情報やデータを入力するための機能。この機能を果たす装置を入力装置という。

②**出力機能**…処理結果を人や別の装置に伝えるための機能。この機能を果たす装置を出力装置という。

③**演算機能**…情報を処理するための機能。

④**記憶機能**…命令や処理結果を覚えておくための機能。この機能を果たす装置を記憶装置という。この記憶装置には，メインメモリ(**主記憶装置**)と補助記憶装置(**ハードディスク**)などがある。**メインメモリ**は，一時的に命令などを記憶する。

⑤**制御機能**…入力機能，出力機能，演算機能，記憶機能を順序立てて正しく実行するための機能。このうち，演算機能と制御機能を果たす装置を中央(演算)処理装置(**ＣＰＵ**)という。

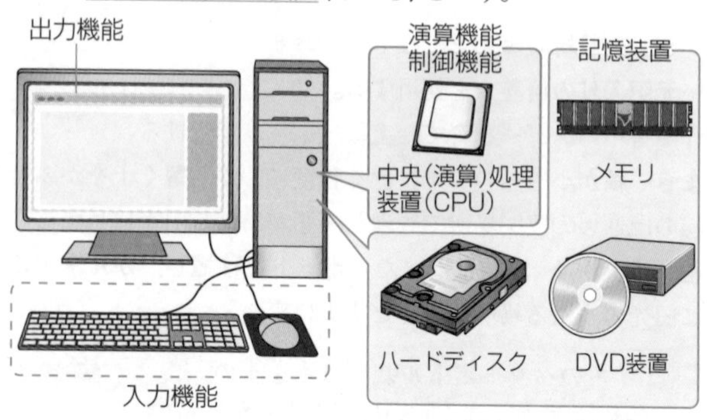


## 2 ハードウェアとソフトウェア

コンピュータは，ハードウェアとソフトウェアで構成されている。

①ハードウェア…コンピュータ本体やその周辺機器。

コンピュータの機能と装置の関係を理解し，情報を処理する基本をおさえよう。

②**ソフトウェア**…ハードウェアを動作させるためのもの。さらに，ソフトウェアには，応用ソフトウェア(アプリケーションソフトウェアとも言う)と基本ソフトウェア(*OS)がある。

- **応用ソフトウェア**(アプリケーションソフトウェア)…文章や図形をかいたり，音楽を鑑賞(かんしょう)したりといった目的となる作業を行うためのもの。
- **基本ソフトウェア(OS)**…ハードウェアや応用ソフトウェアなどを動作させるためのもの。

*OS…Operating System の略

## 3 情報量の単位

コンピュータは，画像や文字といった情報をすべて0と1の2つの数字の組み合わせに置き換(か)えて表現していて，これを情報の**デジタル化**という。

デジタル化された情報量の基本単位をビット(bit)といい，ビットをもとにした情報量の単位とその関係は下のようになっている。

| 単位 | 読み方 | 関係 | 例 |
|---|---|---|---|
| bit | ビット | | 半角英数字1字分 |
| B | バイト | 1B＝8bit | 漢字・ひらがな1字分 |
| KB | キロバイト | 1KB＝1024B | 漢字・ひらがな512文字分 |
| MB | メガバイト | 1MB＝1024KB | 文庫本およそ4冊分 |
| GB | ギガバイト | 1GB＝1024MB | 文庫本およそ4100冊分 |
| TB | テラバイト | 1TB＝1024GB | 文庫本およそ420万冊分 |

**テストでは**

□① 処理した結果を人や別の装置に伝えるための機能を何というか。

□② 周辺装置や応用ソフトウェアを動作させるためのソフトウェアを何というか。

□③ デジタル化された情報量の基本単位を何というか。

**解答**

①出力機能
②基本ソフトウェア(OS)
③ビット(bit)

〔　月　日〕

# 18 コンピュータ ②

## 1 マウスの使い方 ★

マウスを動かすと，画面上のマウスポインタが動く。操作の仕方としては，クリックやダブルクリック，ドラッグなどがある。

①**クリック**…マウスのボタンを1回押す。

②**ダブルクリック**…マウスのボタンを2回続けて押す。

③**ドラッグ**…マウスのボタンを押したままでマウスを移動させる。

◆**クリック**　◆**ダブルクリック**　◆**ドラッグ**

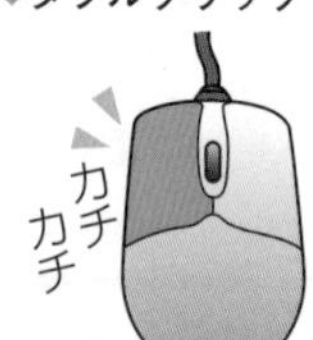

## 2 コンピュータと周辺機器

コンピュータとその周辺機器には，下の図のようなものがある。

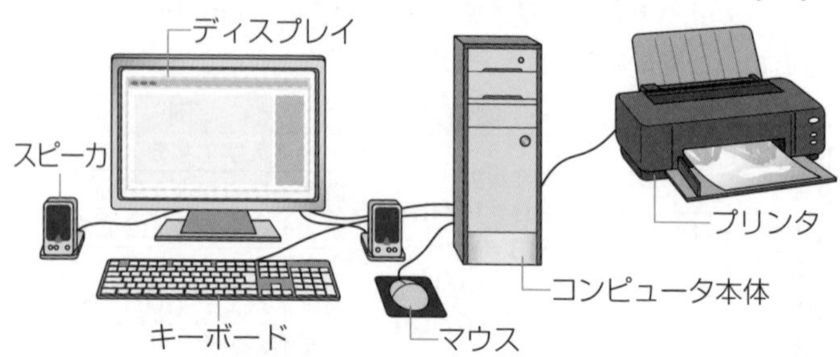


## 3 コンピュータの起動と終了

コンピュータを起動するには，コンピュータ本体の**電源スイッチ**を入れる。ソフトウェアを起動するには，**メニュー**からソフトウェアを選択するか，**アイコン**をダブルクリックする。作成済みで保存してあるファイルを開くには，ファイルの**アイコン**をダブルクリックする。

コンピュータを終了させるには，画面上で**終了の命令**を選択する。

**得点アップ!** コンピュータと周辺機器を覚え，それぞれの操作方法を頭に入れておこう。

## 4 キーボード

キーボードは，下のようになっている(配列は機種によって異なる場合がある)。

## 5 文字入力と変換 *

・キーボードから漢字を入力する際は，読みを入力してから変換する。

・ひらがなの入力には，ローマ字入力とかな入力がある。

・文字を削除(さくじょ)するには，**バックスペースキー**か**デリートキー**を使う。

①**バックスペースキー**…カーソルの前の文字を削除する。

②**デリートキー**…カーソルのうしろの文字を削除する。

・文字を移動するには，文字を**ドラッグ**して選択(せんたく)し，メニュー操作で**切り取って**任意の場所に貼(は)り付ける。

**テストでは**

□① マウスのボタンを２回続けて押す操作を何というか。

□② ひらがなの入力には，ローマ字入力のほかに何という入力があるか。

□③ 文字を削除するには，バックスペースキーか何のキーを使うか。

**解 答**

①ダブルクリック

②かな入力

③デリートキー

技術・家庭 技術分野

〔　月　日〕

# 19 ネットワーク

## 1 Webページを見る仕組み

ある Web ページを閲覧(えつらん)する場合に，どのような流れでそれが可能となっているのかを理解しておく。

Web ページを見る場合には，以下の流れになる。

①閲覧者が，希望する Web ページの **URL** を入力し，サーバ**に情報の送信を要求する。**

②ルータ**を通し，URL に示された**サーバ**を探す。**

③ Web ページ**のファイルが**サーバ**から届く。**

④サーバ**から届いたファイルを読み込(こ)み，画面上で再構成される。**

関連する機器や用語の説明は，下の通り。

・**ルータ**…情報を**やり取りする機器にだけ**情報を流し，不必要なところには情報が流れないように**制御**する装置。

・**サーバ**…ネットワークを利用して，電子メールや Web ページなどの**各種サービスを提供する**コンピュータもしくはソフトウェア。例えば，Web サーバには Web ページを**構成するファイル**が保存されていて，必要に応じてそのファイルを送る。

*コンピュータへの不正な侵入や**コンピュータウイルス**を防ぐために，**ファイアウォール**などを利用する必要がある。

・実際の Web ページの URL を見てみると，下のようになっている。

http://www.matomejouzu.co.jp/index.html
（① http　② www.matomejouzu.co.jp　③ index.html）

①**プロトコル**…情報をやり取りするための**通信方式**。

②**ドメイン名**…情報が保存されているサーバやネットワークを**特定する名前**。

③**ファイル名**…情報が保存されている**ファイル名**。

インターネットを介して情報をやり取りする際の流れや仕組みを理解しておこう。

## 2 個人の認証 ★★

コンピュータやネットワークにおいては，基本的にユーザＩＤとパスワードで個人を特定･認証し，不正な利用を防ぐ。また，ネットワークに接続した記録は**一定期間保存**されていて，不正利用などを追跡(ついせき)することができる。

電子メールの送信・受信する場合は，以下のとおりである。

**①メールソフトを起動し，ユーザＩＤとパスワードで認証をする。**
**②宛先の電子メールアドレスに送信する。**
**③送信したアドレスのメールボックス(サーバー)にメールが届く。**
**④受信者も，同じようにメールソフトを起動し，ユーザＩＤとパスワードで認証をして，サーバーにあるメールを受信する。**

という流れになっている。

・メールアドレスはユーザ名とドメイン名の２つで構成されている。ドメイン名とは，電子メールを管理しているサーバを特定するための名前である。

## 3 インターネット通信の仕組み ★

インターネットでは，TCP/IP(ティーシーピー アイピー)と呼ばれる通信方式(プロトコル)にそってデータをやり取りする。

データのやり取りでは，送信データをパケットと呼ばれる単位でまとめて通信され，受信側でもとのデータに復元される。

**テストでは**

□① 外部からの攻撃(こうげき)や不正なアクセスを遮断(しゃだん)するための仕組みを何というか。
□② ネットワークにおいては，基本的にユーザＩＤと何で個人を特定するか。
□③ インターネットでは，何という通信方式にそってデータをやり取りするか。

**解答**

①ファイアウォール
②パスワード
③ TCP/IP

技術・家庭 技術分野

〔　月　日〕

# 20 情報モラル

## 1 情報モラル ★★

情報を利用する際には，**人権**や**知的財産権**などを尊重し，正しく安全に行うことが重要。情報社会におけるこのような適正な活動を行うための考え方や態度を情報モラルという。具体的には，下のようなことに気をつける必要がある。

・他者の著作物を複製，配布するときには必ず**許可**を得る。
・ネットワークに接続する場合は，必ずセキュリティ対策ソフトウェアを導入する。
・**個人情報**(住所・氏名・電話番号など)を安易に入力しない。
・他人の人権や**プライバシー**を**侵害**(しんがい)するような情報を発信しない。
・情報を発信するときは，受け手に**誤解**されるような表現は避(さ)ける。

## 2 情報技術の特性 ★

デジタル化された情報やネットワークには，**便利な面**もあれば**問題となる面**もある。

### ①デジタル化された情報

**便利な面**→作成したデータをコンピュータに**保存**したり，別のコンピュータに**送信**したりできるので，データの**管理**や**共有**が行いやすい。

**問題となる面**→データのコピーが容易なため，他人が勝手に**配布**したり，データ自体を**書き換えられ**たりする可能性がある。

### ②インターネット

**便利な面**→世界中に情報を**発信**することができる。同じように，世界中の Web ページにアクセスして，**多様な情報**を入手することができる。

**問題となる面**→一度発信した情報の**回収**や**削除**(さくじょ)が難しい。コンピュータウイルスに感染するおそれがある。

**得点アップ！** 情報社会における便利な面と問題となる面を理解し，情報を適性に利用するための方法やルールをおさえよう。

## 3 安全に利用するための技術 ★

インターネットの利用において，自身のコンピュータから情報が盗(ぬす)まれたり，コンピュータが動かなくなったりする可能性がある。そういった事態への対策の1つとして，**セキュリティ対策ソフトウェアの導入**がある。

・セキュリティ対策ソフトウェアの機能には，**コンピュータウイルス感染の防止**，**フィルタリング**，**迷惑メールの自動振り分け**などがある。

①**コンピュータウイルス感染の防止**…コンピュータに問題を起こさせるプログラムを**検知**して，**駆除(くじょ)**や**隔離(かくり)**をする。

②**フィルタリング**…**有害な情報やプログラム**が含まれているWebページを表示させない。

③**ファイアウォール**…外部との通信に制限をかけて，内部のコンピュータネットワークの安全を守る。

## 4 知的財産権 ★

知的な創造活動から生まれた成果は，知的財産権で保護されている。知的財産権は，大きく著作権と産業財産権に分けられる。

①**著作権**…文章やイラスト，音楽などに対する権利。著作物を，著作権者以外が無断で使用することは著作権法で禁じられている。

②**産業財産権**…産業の振興を目的とした権利で，実用新案権(じつようしんあんけん)，特許権(とっきょけん)，商標権(しょうひょうけん)，意匠権(いしょうけん)の4つがある。

・これらの権利を守るために，**電子透(す)かし**などの技術がある。

**テストでは**

□① 情報社会における適正な活動を行うための考え方や態度のことを何というか。

□② セキュリティ対策ソフトウェアで，有害なWebページを表示させない機能を何というか。

□③ 知的財産権は，大きく著作権と何に分けられるか。

**解答**

①情報モラル
②フィルタリング
③産業財産権

技術・家庭 技術分野

〔　月　日〕

# 21 素材の編集とコンテンツ

## 1 文　字

文字の制作では，**文書処理ソフトウェア**で文字を入力し，フォントやフォントサイズを決める。

①**フォント**…強調したい場合など，ほかの部分とフォントを変える。

②**フォントサイズ**…一般的に，ポイントという単位を使って表す。タイトルや**強調したい部分**は，フォントサイズを大きくするとわかりやすい。

| フォント |
|---|
| まとめ上手 |
| **まとめ上手** |
| まとめ上手 |
| **まとめ上手** |

| フォントサイズ |
|---|
| 技術(8ポイント) |
| 技術(12ポイント) |
| 技術(18ポイント) |

表紙などは，**図形処理ソフトウェア**などを用いて作成されている。

## 2 静止画*

・画像は画素(ピクセル)という点の集まりで表現されていて，その集まり具合いを解像度という。解像度が高いほどきれいな画像になる。

・画素数を多くすると画像はきめ細かくなるが，一方でデータ量は増加する。データ量が多いと処理に時間がかかるので，**目的**に応じて画素数を選択(せんたく)する。

・静止画は，**図形処理ソフトウェア**で編集や加工ができる。加工する場合，明るさや大きさ，範囲(はんい)を変更して不要な部分を切り取る(トリミング)などの方法がある。

## 3 動画，音・音声

・動画(アニメーション)においては，**アニメーション作成ソフトウェア**で編集や作成を行う。動画(映像)は，**ビデオ編集ソフトウェア**で編集や加工を行う。

・音や音声は，**サウンド処理ソフトウェア**を使って編集する。

コンテンツの特徴と，メディアを効果的に編集する方法を知っておこう。

## 4 メディアの種類

デジタル化された文字や音声，動画などを組み合わせて作られた，意味のある情報のことをコンテンツという。コンテンツのなかには，ゲームなどのように，利用者の働きかけ(**入力**)に応じて応答(**出力**)があるものがある。こうしたものを双方向性(そう)という。コンテンツの作成には，**文字**，**音声**，**静止画**，**動画**などのメディアを用いる。それぞれのメディアのプラス面，マイナス面を理解して，適したものを利用する。

| | プラス面 | マイナス面 |
|---|---|---|
| 文字 | データ量が少なく，作成が容易。情報が正確に伝わりやすい。 | 多くの情報が伝えにくい。**視覚に障がいのある人，文章が読めない子どもには伝わらない。** |
| 音声 | 音声で印象付けや，説明ができる。**視覚障がいがある人にも伝わる。** | 順番に聞かなければいけない。**聴覚に障がいがある人には伝わらない。** |
| 静止画 | デジタルカメラを使って容易に作成できる。多くの情報を伝えることができる。 | データ量が多く，修正しにくい。**視覚に障がいのある人には伝わらない。** |
| 動画 | 状況の変化を，時間とともに伝えることができる。**編集で強調などができる。** | データ量が多い。順番に見なくてはいけない。**視覚に障がいのある人には伝わらない。** |

**テストでは**

□① 文書作成では，タイトルや強調したい部分は，何をするとよいか。
□② 画素(ピクセル)という点の集まり具合を何というか。
□③ 時間を追って変化が伝えられるメディアは何か。

**解答**

①フォントサイズを大きくする
②解像度
③動画

〔　月　日〕

# 22 コンピュータ制御

## 1 計測と制御 *

私たちの身のまわりには，計測・制御システムが組み込まれている機械が多い。これは，周囲の状況をセンサが計測し，コンピュータがその情報を処理し，モータなどの仕事を行う部分の動きを制御する仕組みである。

・**センサ**…音や光，温度といったまわりの状況・情報を**計測**するはたらきをする部分。

・**仕事を行う部分**…コンピュータからの命令に従い仕事をする部分。

・計測・制御システムの流れは，下の①～⑤の順になっている。

①**センサ**…周辺の状況を計測。

②* **インタフェース**…センサからの電気信号を，コンピュータに伝達するための電気信号に変換。

③**コンピュータ**…センサからの情報を判断して，仕事を行う部分に命令を出す。

④**インタフェース**…コンピュータからの情報を，仕事を行う部分に伝達するための電気信号に変換する。

⑤**仕事を行う部分**…コンピュータからの命令に従って動く。

* **インタフェース**…コンピュータとセンサ，仕事を行う部分をそれぞれをつなぐ部分。

## 2 プログラムの仕組み *

・プログラムは，*プログラミング言語を用いて作成され，命令が記述されている。コンピュータは，プログラムに書かれている命令を，順番に実行していく。

・プログラムにより，複雑な処理や単純な繰り返しといった処理が可能になる。

* **プログラミング言語**…プログラミング言語にはさまざまな種類がある。

例　BASIC 言語，C 言語，FORTRAN 言語，COBOL 言語 など。

コンピュータが情報を受け取って処理をし，命令が実行されるまでの流れを頭に入れておこう。

## 3 プログラムの作成

プログラムをつくるにあたっては，**情報処理の手順**を考える。目的の処理を実行するまでの手順を，フローチャート(手順を示すための流れ図)などで表す。

- 情報処理の手順には，順次，分岐(ぶんき)，反復といったものがある。
  - **順次**…１つずつ**順番**に処理を行う。
  - **分岐**…**条件**によって処理を選択する。
  - **反復**…１つの処理を，回数や条件を満たすまで**繰り返す**。

これらをフローチャートで表すと，下のようになる。

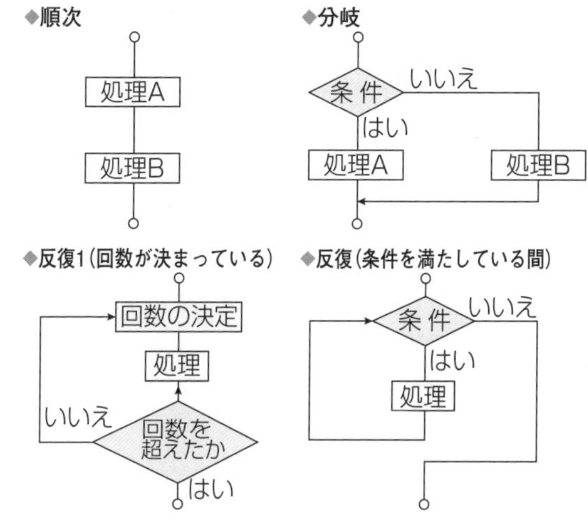


技術・家庭 技術分野

**テストでは**

- □① 音や光，温度などの周辺情報を計測し，それらを電気信号に変える装置を何というか。
- □② プログラミング言語には手順がどんな形で記述されているか。
- □③ 条件によって処理を選択する情報処理の手順を何というか。

**解答**

①センサ
②命令
③分岐

# 23 食生活と栄養

## 1 食事の役割

栄養バランスのよい食事をとることで，体の成長や活動に必要なエネルギーを得ることができる。さらに，心と生活を豊かにしてくれる。

・**生活のリズム**…規則正しい食事をとることで，生活にリズムを生み出すことができる。

・**楽しみ**…おいしい料理や明るい食卓の雰囲気(ふんいき)は，心や生活に楽しみを与えてくれる。

## 2 栄養素の種類と働き ★★

体の活動の源になったり，健康な体をつくったり，体調を整えたりする，食品に含まれる成分を栄養素といい，炭水化物，脂質(ししつ)，たんぱく質，無機質，ビタミンがあり，この5種を五大栄養素という。

①**炭水化物**…糖質と食物繊維(しょくもつせんい)がある。糖質は，体内で分解されてエネルギー源(ぶどう糖など)となる。食物繊維は消化・吸収できないが，腸の調子を整えるなどの働きがある。

②**脂質**…食品に含まれる脂質のほとんどが脂肪(しぼう)で，脂肪は脂肪酸とモノグリセリドに分解されてエネルギー源となる。

③**たんぱく質**…筋肉や臓器，血液など，体の組織をつくるもとになる。分解されてエネルギー源にもなる。動物性たんぱく質には，人体に必要なアミノ酸(必須(ひっす)アミノ酸)が含まれている。

④**無機質**…カルシウムやリンは骨や歯を作る。鉄は血液を作るもとになり，不足すると貧血になる。

⑤**ビタミン**…体の調子を整える働きがあり，脂溶性(しようせい)ビタミンと水溶性ビタミンに分けられる。ビタミンには，下のような種類がある。

・**ビタミンA**…目の働きをよくし，皮膚(ひふ)を健康に保つ。

・**ビタミン$B_1$・$B_2$**…炭水化物や脂質がエネルギーになるのを助ける。

・**ビタミンC**…傷(きず)の回復を助け，抵抗力(ていこうりょく)をつける。

・**ビタミンD**…骨や歯を丈夫(じょうぶ)にする。

五大栄養素は何か，そしてその働きはどういったものかをおさえておこう。

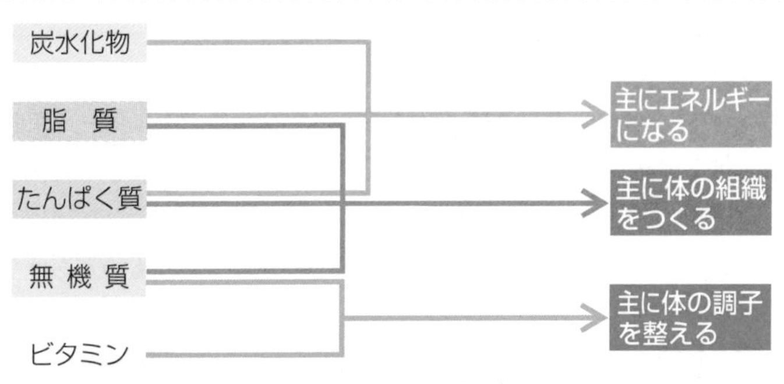


技術・家庭
家庭分野

## 3 水分の働き

水分は栄養素に含まれないが，栄養素の運搬（うんぱん），老廃物（ろうはいぶつ）の運搬排出（はいしゅつ），体温調節といった役割がある。

## 4 中学生に必要な栄養 *

中学生に必要な栄養には特徴（とくちょう）がある。身長や体重の増加が著しく，スポーツなどの活動も盛んなため，活動の元になるエネルギーや体をつくるたんぱく質，カルシウムなどを十分に摂取（せっしゅ）する必要がある。

また，1日にとることが望ましいエネルギーや栄養素の量を示したものを食事摂取基準という。

厚生労働省『日本人の食事摂取基準』によると，12～14歳（さい）においては，男性で2,600 kcal，女性で2,400 kcalが，摂取することが望ましいエネルギー量として定められている。

**テストでは**

□① 筋肉や臓器，血液などのもとになる栄養素は何か。
□② 1日にとることが望ましいエネルギーや栄養素の量を示したものを何というか。
□③ 12～14歳で1日に摂取することが望ましいのは，男子・女子それぞれ何kcalか。

**解　答**

①たんぱく質
②食事摂取基準
③男子：2,600 kcal
　女子：2,400 kcal

# 24 食品に含まれる栄養素

## 1 食品に含まれる栄養素 ★

食品からとる必要な栄養素の種類や量は食品成分表で調べられる。この表に示された数値は，*可食部 100 g あたりのエネルギーや栄養素の量が示されている。

*可食部…皮や骨など，食べられない部分を除いた，食品の食べられる部分のこと。

・主な栄養素を多く含む食品の例としては，下のようなものがあげられる。

①**炭水化物**…砂糖，*精白米，スパゲッティ，さつまいもなど。
②**脂質**(ししつ)…大豆(だいず)油，バター，マヨネーズ，くるみなど。
③**たんぱく質**…大豆，プロセスチーズ，豚肉(ぶたにく)，卵，とうふなど。
④**カルシウム**…乾燥(かんそう)わかめ，プロセスチーズ，しらす干(ぼ)し，牛乳など。
⑤**カロテン**…しそ，にんじん，ほうれんそう，かぼちゃ，だいこんなど。
⑥**ビタミンC**…ブロッコリー，レモン，いちご，じゃがいもなど。

*精白米とは，玄米(げんまい)を精白し，ぬかや胚芽(はいが)の大部分を取り除いたもの。精白の度合いによって，七分づき米，胚芽(はいが)精米などがある。

## 2 6つの基礎食品群 ★★

同じような栄養成分の食品をグループ分けしたものが，6つの基礎食品群と呼ばれる。

①**1群**…魚・肉・卵・豆・豆製品(主に**体の組織をつくる**)

主にたんぱく質を多く含む食品で，魚や肉などの動物性食品と，豆などの植物性食品がある。

②**2群**…牛乳・乳製品・小魚・海藻(かいそう)(主に**体の組織をつくる**)

主にカルシウムを多く含む食品。牛乳や乳製品は，たんぱく質やビタミン$B_2$なども含んでいる。

③**3群**…緑黄色野菜(主に**体の調子を整える**)

主にカロテンを多く含む食品。それ以外にも，ビタミンCやカルシウム，食物繊維(しょくもつせんい)などが含まれている。

それぞれの食品群にはどういった食品があるか，また，その役割や特徴(とくちょう)を覚えておこう。

④**4群**…その他の野菜・果物(主に**体の調子を整える**)

主にビタミンCを多く含む食品。その他カルシウムも含まれている。果物にはビタミンCが多い。

⑤**5群**…穀類(こくるい)・いも類・砂糖(主に**エネルギーになる**)

主に炭水化物を多く含む食品。米・パン・めんなどの穀類，いも類はビタミン$B_1$や食物繊維を含んでいる。

⑥**6群**…油脂(主に**エネルギーになる**)

主に脂質を多く含む食品。少ない量で多くのエネルギーを摂取(せっしゅ)することができる。動物性油脂(バターなど)と，植物性油脂(大豆油やごま油など)がある。

技術・家庭 家庭分野

## 3 食品の摂取量

毎日の食事で食事摂取基準を満たすために，どのような食品をどれくらい食べたらよいかを示したものが食品群別摂取量のめやすである。また，めやすに示された数値を，食べる食品のだいたいの量として示したものが食品の概量(がいりょう)である。

12～14歳(さい)における1人1日分の食品群別摂取量のめやすと，食品の概量は下のようになっている(めやすの量は『日本家庭科教育学会誌』2005年より)。

| | 1群 | 2群 | 3群 | 4群 | 5群 | 6群 |
|---|---|---|---|---|---|---|
| 男 | 330 g | 400 g | 100 g | 400 g | 500 g | 25 g |
| 女 | 300 g | 400 g | 100 g | 400 g | 420 g | 20 g |

**テストでは**

□① 玄米を精白し，ぬかや胚芽の大部分を取り除いたものを何というか。

□② 6群の主な成分は何か。

□③ 毎日の食事で食事摂取基準を満たすために，どのような食品をどれくらい食べたらよいかを示したものを何というか。

**解答**

①精白米

②脂質

③食品群別摂取量のめやす

〔　月　日〕

# 25 献立と食品の選び方

## 1 献立

食事作りの計画を献立といい，主食，汁物(飲み物)，主菜，副菜を組み合わせて考える。

①**主食**…米飯，パン，めん類など。

②**主菜**…魚・肉・卵・豆・豆製品を使う。たんぱく質，脂質の供給源となる。

③**副菜**…海藻や野菜，いも類などを使うことが多く，ビタミンや無機質，食物繊維の供給源となる。

④**汁物(飲み物)**…みそ汁などの汁物や牛乳などの飲み物。

## 2 食品の種類

野菜や果物，肉，魚といった，とれたままの食品を**生鮮食品**といい，またさまざまな加工をした食品を**加工食品**という。

①**生鮮食品の特徴**…品質が低下しやすく，短期間しか保存できない。そのため，鮮度に注意して選ぶ必要がある。生産量が多く，味もおいしい時期(旬または出盛り期)がある。

- **春**…さわら，にしん，アスパラガス，なばな，たけのこなど。
- **夏**…あゆ，あじ，かつお，なす，トマト，きゅうりなど。
- **秋**…さんま，さけ，さば，れんこん，さつまいもなど。
- **冬**…たら，かに，ぶり，はくさい，ねぎ，ほうれんそうなど。

②**加工食品**…原料に手を加えて，腐敗や乾燥，変色を防いで保存性を高めたり，食べやすい味にしたりするなどの加工を施したもの。

加工の工夫には，乾燥，漬け，加熱・密封，冷凍などがある。

- **乾燥**…水分を取り除いて腐敗を防ぐ。干ししいたけや煮干しなど。
- **漬け**(塩漬け・砂糖漬け，酢漬け)…変質を防ぐ。梅干しなど。
- **加熱や密封**…空気を抜いて変質を防ぐ。瓶詰や缶詰，レトルト食品など。
- **冷凍**…温度を下げて腐敗を防ぐ。冷凍餃子や冷凍おにぎりなど。

**得点アップ!** 食品の種類とその特徴をおさえ，食品につけられる表示についても頭に入れておこう。

## 3 食品の表示 ★

**生鮮食品**は，名称(めいしょう)や原産地といった表示が義務づけられている。

**加工食品**は，名称，原材料名，内容量，期限や保存方法，製造業者(もしくは販売業者)の表示が義務づけられている。

①期限については，品質がよい状態が保証される期間が消費期限や賞味期限として表示されている。

- **消費期限**…品質が**劣化しやすいもの**に表示される。弁当，調理パンなど。安全が保障されている期限を表す。
- **賞味期限**…**長く保存が可能なもの**に表示される。即席(そくせき)めん類，牛乳，乳製品など。おいしさが保障される期限を表す。

②また，食品にはさまざまなマークがつけられる。ＪＡＳ(ジャス)マークや特定保健用食品マークなどがある。

- **ＪＡＳマーク**…成分や食味，香(かお)り，色などの品質について，**農林水産省**が定められた規格を満たす加工食品などにつけられる。
- **冷凍食品認定証マーク**…**日本冷凍食品協会**が定めた自主基準(品質，衛生について)を満たした冷凍食品につけられる。
- **特定保健用食品マーク**…健康作用を持つ成分を含み，有効性が科学的に証明された加工食品につけられる。

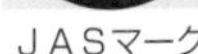
ＪＡＳマーク

冷凍食品認定証マーク

特定保健用食品マーク

**テストでは**

□① 野菜や魚といった，とれたままの食品を何というか。

□② 秋が旬の魚にはどのようなものがあるか。

□③ 品質が劣化(れっか)しやすいものに表示される期限は何か。

**解答**

①生鮮食品
②さんま，さけ，さばなど
③消費期限

技術・家庭　家庭分野

# 食品添加物と食品の保存

## 1 食品添加物

食品の加工において，品質の改良や保存性の向上などの目的で加えられる物質を食品添加物という。使用することができる食品添加物は，**食品衛生法**で定められている。

食品添加物を使わないとつくれない加工食品もある。安全に食品がとれるよう，様々な基準が設けられている。

| 用途名 | 目的 | 物質名の例 | 使用されている食品の例 |
|---|---|---|---|
| 保存料 | 微生物の繁殖を防ぐ。 | ソルビン酸<br>プロピオン酸 | ハム<br>かまぼこ |
| 酸化防止剤 | 脂質の酸化を防ぐ。 | ビタミンC<br>エリソルビン酸 | ハム |
| 増粘剤 | 粘り気を与える。 | ペクチン | アイスクリーム<br>マヨネーズ |
| 発色剤 | 色を鮮やかにする。 | 亜硝酸ナトリウム | ハム<br>ソーセージ |
| 着色料 | 色調を調整する。 | ベニバナ黄色素 | 菓子類<br>清涼飲料水 |
| 甘味料 | 甘みをつける。 | アスパルテーム | 菓子類<br>清涼飲料水 |
| 香料 | 香りをつける。 | バニリン | 菓子類 |
| 調味料 | 味(うまみ)をつける。 | L-グルタミン酸ナトリウム | 即席めん |
| 栄養強化剤 | 栄養素を強化する。 | 乳酸カルシウム | 乳飲料<br>マーガリン |

食品添加物の種類を覚え，食品ごとの適切な保存方法をおさえておこう。

## 2 食品の保存

食品は，品質の劣化を防ぐために衛生的に保存する。冷凍庫や冷蔵庫など，目的に合った上手な保存方法をとることで，腐敗の進行などを抑制することができる。下は，代表的な保存方法である。

①**袋や密封容器などに入れて冷暗所に保存**…乾物など。湿気を防ぐ。

②**新聞紙で包み冷暗所に保存**…いもやかぼちゃなど。

③**冷蔵室に保存**…食品によって保存する場所を変える。

④**冷凍室に保存**…冷凍食品やホームフリージング。

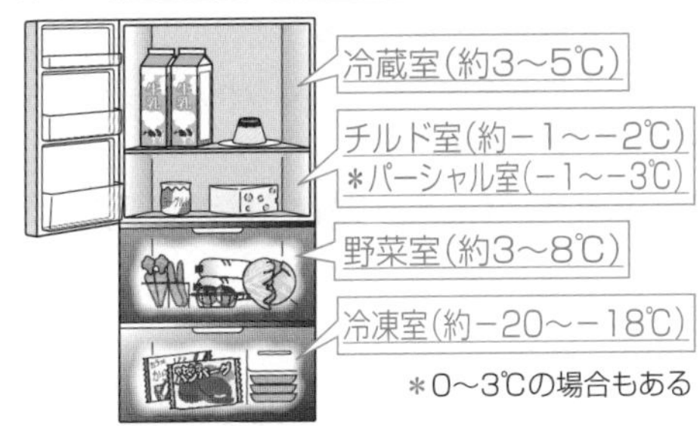


食中毒の防止には，下の点に気をつける。

- **ウイルスを付けない。**
- **ウイルスを増やさない。**
- **ウイルスをやっつける。**
- 食品の中心部を加熱する。

**テストでは**

□① 保存性の向上などの目的で加える物質を何というか。

□② 色を鮮やかにする食品添加物の用途名は何というか。

□③ みそや醤油といった加工食品は，どこに保存するのがよいか。

**解答**

①食品添加物
②発色剤
③冷暗所

# 27 調　理

## 1 調　理★

調理の流れと手順については，下のようになっている。

①**計画**…献立(こんだて)を決めて，そこから必要な材料を決める。

②**準備**…事前に材料を購入(こうにゅう)する。用具・食器類をそろえて，身支度(みじたく)を整える。

③**調理**…**計量する**，**洗う**，**切る**，**加熱する**，**調味する**，盛(も)り付けて配ぜんをする。

④**試食**…できあがりを観察し，味わって食べる。
食べる際には，食事のマナーに注意する。

⑤**後片づけ**…食器や用具を洗って，決められた場所にしまう。ごみを捨て，調理台などの掃除(そうじ)をする

⑥**反省**…実習の反省をして，次の学習や実際の生活で生かせるようにする。

## 2 計量する

計量スプーンには，小さじ，大さじがある。計量スプーンで粉やつぶを１杯(ぱい)はかるときは，計量スプーンに山盛りにすくってすり切りべらですり切る。２分の１杯のときは，すり切りべらで２等分の線を引いて半量を除く。計量スプーンは，大さじが15 mL，小さじが5 mLの計量をすることができる。

## 3 切　る★★

包丁(ほうちょう)を使うときは，**持ち方**，**材料の押**(お)**さえ方**に注意する。

・**包丁の持ち方**…柄(え)の付け根をしっかりとにぎる。人さし指をみねにそわせてもよい。

・**材料の押さえ方**…指先を丸めて食品を押さえ，ずらしながら切り進む。

まな板は，衛生面を考えて，肉や魚と野菜を同じ面で使わない。

**得点アップ!** 調理の流れを頭に入れて，そこから各過程での用具やその使い方をおさえるようにしよう。

野菜の切り方には，下のようにいろいろな方法がある。

◆せん切り

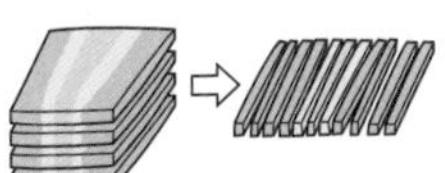

◆みじん切り

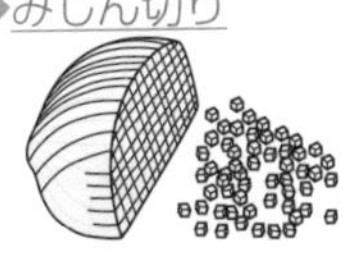
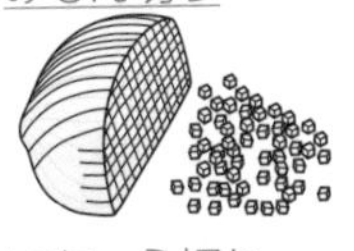

◆小口切り

◆くし切り

◆いちょう切り

◆半月切り

◆ささがき

◆輪切り

◆乱切り

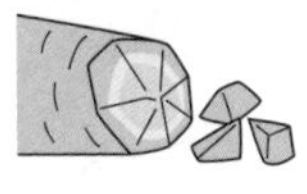

## 4 加熱する

加熱する際には，火加減に注意する。

火のそばには燃えやすいものは置かず，換気(かんき)を必ず行う。火の立ち消えにも注意する。

## 5 調味する

「さしすせそ」の順で味付けをする。「さ」は砂糖，「し」は塩，「す」は酢，「せ」はしょうゆ(昔はしょうゆを「せうゆ」と書いたことから「せ」になっている)，「そ」はみそである。

□① 計量スプーンの大さじは，１ぱいで何 mL の計量ができるか。

□② 包丁を持つときは，どこをしっかり持つとよいか。

□③ 味付けの順序「さしすせそ」で「そ」は何か。

**解答**

① 15 mL
②柄の付け根
③みそ

〔　月　日〕

# 食材ごとの調理と食文化

## 1 肉の調理 ★

肉は成長に必要となるたんぱく質や脂質(ししつ)を多く含(ふく)む。肉の種類や部位によってかたさ，味に違(ちが)いがあり，調理法も異なる。

◆牛肉の部位

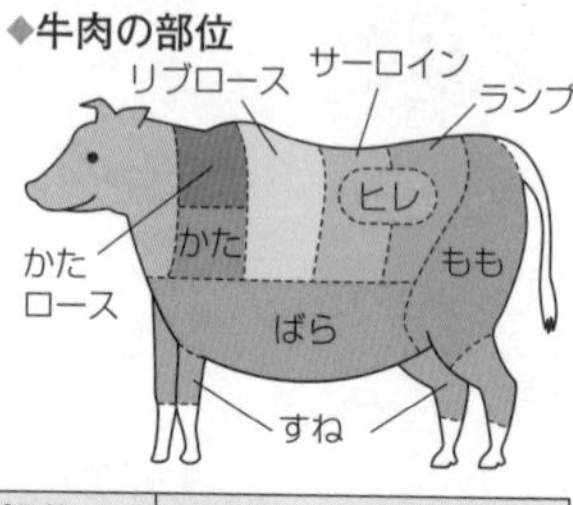


◆ぶた肉の部位

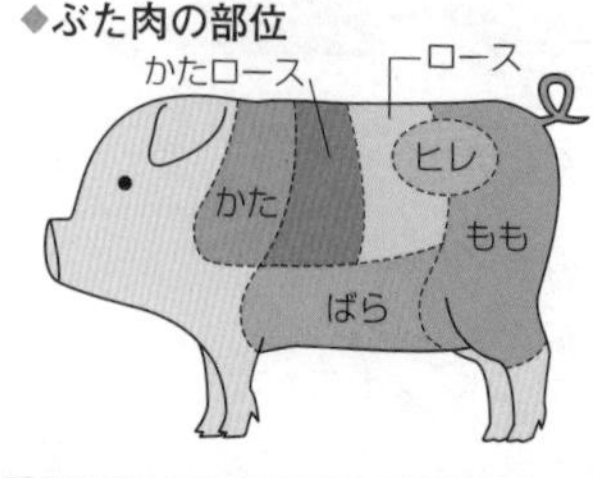


| 部位 | 適した料理例 |
|---|---|
| ヒレ | ロースト，ステーキ，すき焼き |
| リブロース | |
| サーロイン | |
| もも | ステーキ，すき焼き |
| かた | ステーキ，煮込み |
| ばら | 煮込み，ひき肉料理 |
| すね | 煮込み，スープ |

| 部位 | 適した料理例 |
|---|---|
| ヒレ | ロースト，カツレツ，ソテー |
| ロース | |
| もも | 煮込(にこ)み，カツレツ |
| かた | カツレツ，ソテー |
| ばら | 煮込み，ひき肉料理 |

## 2 魚の調理 ★

魚はたんぱく質や脂質(ししつ)，ビタミンを多く含んでいる。脂質は部位や季節によって変化する。淡泊(たんぱく)な味の白身魚と，脂質が多く濃厚(のうこう)な味の赤身魚に分かれる。

鮮度(せんど)を見分けるには，以下の点に注意する。

①**目**…澄(す)んでいて透明感(とうめいかん)があり，外に張り出している。

②**色・うろこ**…魚特有の色がはっきり出ていて，うろこがはがれておらず，光沢(こうたく)がある。

③**えら**…きれいな赤色になっている。

④**肉**…身が引きしまっていて弾力(だんりょく)があり，腹部が裂(さ)けていない。

食材ごとの特徴を理解し，おいしく，栄養のある調理方法を覚えておこう。

・焼き魚は，最初に，盛り付けたとき上になる面を強火で加熱してこげめをつける。その後，弱火でじっくり火を通す。
・煮魚は，煮汁を沸騰させてから魚を入れるようにする。

## 3 野菜の調理 ★

野菜はビタミンや無機質，食物繊維を多く含んでいる。

野菜は，種類によって調理法が異なる。

①**やわらかくてあくの少ない野菜**…生で食べられる。生で食べたほうがビタミンや無機質を多く摂取できる。しかし，加熱するとそれらは減少するが，やわらかくなってかさが減るために量を多く食べることができる。

②**根菜などのかたい野菜**…基本的には加熱して食べる。ゆでることによって，あくを抜くことができる。

## 4 地域と食文化 ★

その土地ならではの食材や調理法でつくられ，伝統として伝わってきた料理を郷土料理という。

郷土料理としては，**北海道**の**石狩鍋**，**秋田県**の**きりたんぽ鍋**，**岩手県**の**ひっつみ**，**山梨県**の**ほうとう**，**石川県**の**かぶら寿し**，**大分県**の**手延べだんご汁**などがある。

地域で生産した食材を，その地域内で消費することを地産地消という。

**テストでは**

□① 鮮度のよい魚を選ぶときは，えらがきれいな何色のものを選ぶとよいか。
□② 野菜は生のほうが何が多く含まれているか。
□③ その土地の食材や調理法でつくられ，伝統として伝わってきた料理を何というか。

**解答**

①赤色
②ビタミン（無機質）
③郷土料理

# 29 衣服の働きと選び方

## 1 衣服の働き

衣服は暑さや寒さを調節し，けがを防ぐ。汗を吸収して汚れを防ぎ，皮膚を清潔に保つ。

衣服は自分をよりよく見せて，個性を表現する。また，喜びや悲しみなどの気持ちを表す目的で，慣習にのっとった衣服を着用する。さらに，職業や所属しているグループを表す働きもある。

## 2 衣服の着用 *

服装は，T（Time：時），P（Place：場所），O（Occasion：場合）に応じたものを選ぶ必要がある。

服装には，着る人の考え方や好みがよく表れる。着る服装によって，違った印象を与えることがある。

２つ以上の物を組み合わせ，全体が調和するように整えることをコーディネートという。

## 3 和服と洋服

和服は，日本人の民族衣装である。一方，西洋から入ってきた衣服を洋服という。和服と洋服では，衣服の構成に違いがある。

- **和服**…直線に裁断した布を縫い合わせた平面的な構成になっている。着るときにはひもや帯を使い，人の体に合わせて着付けを行う。
- **洋服**…平面の布を体の形に合わせて裁断した曲線があるパーツを縫い合わせた立体的な構成になっている。

## 4 既製服の選び方

既製服を購入するときは，**「目的と予算」「表示」「商品の品質」**などに注意し，選んだ衣服を**試着**して，よければ決定し**購入**する。最後に，**評価と改善**を行う。

持っている服との組み合わせにも注意する。

衣服の働きや効果的な着用をおさえ，選ぶ際の流れや表示，方法についても知っておこう。

試着する際には，手を上げてみたり，しゃがんでみたり，腕(うで)を組んでみたり，足を上げてみたりして着心地などを確かめる。

## 5 既製服の表示

既製服には，品質保証のために下のような表示がある。

①**サイズ表示**…着用者の身体寸法。日本ではＪＩＳ(ジス)で定められていて，乳幼児，少年，少女，成人男子，成人女子の５区分がある。

②**組成表示**…用いられている繊維(せんい)の種類と混用率を示す。

③**取り扱(あつか)い表示**…手入れの方法を示す。

④**表示者名の表示**…責任を負う業者名を示す。

⑤**原産国表示**…衣服が裁断され，縫製(ほうせい)された(製造された)国を示す。

技術・家庭 家庭分野

## 6 採　寸*

既製服のサイズを知るために各部位の寸法を測ることを採寸という。

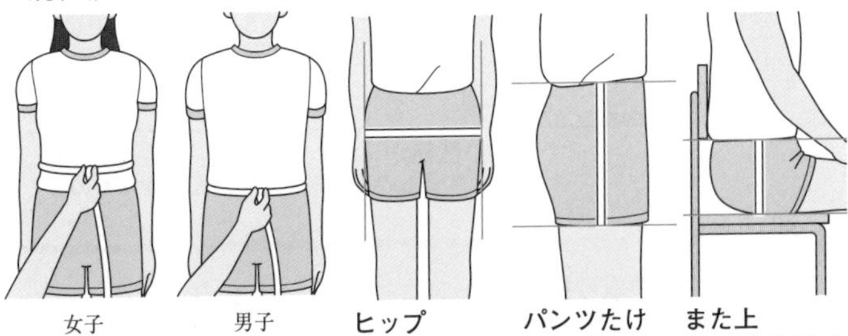

女子　男子
**ウエスト**
女子は胴(どう)の細い部分，男子は腰骨(こしぼね)の上端まわり

**ヒップ**
腰の最も太いところ

**パンツたけ**
ウエストラインから好みのたけ

**また上**
ウエストラインからいすの座面まで

**テストでは**

□① 服装は，何に応じたものを選ぶ必要があるか。

□② 衣服のサイズ表示は，日本では何によって定められているか。

□③ 既製服のサイズを知るために，各部位の寸法を測ることを何というか。

**解答**

①T.P.O.
②ＪＩＳ
③採寸

〔　月　日〕

# 30 衣服の手入れ

## 1 衣服の手入れ

衣服は時間がたつと，**汚れやしわがつき**，**ほころびが生じ**，品質の低下が見られるようになる。また，**保温性や吸水性**，**強度**といった布の性能も低下するため，手入れが必要になる。

## 2 繊維や布の性質 ★

繊維の種類によって，性質や手入れの方法が異なる。下記の表はそれらを整理したものである。また，**天然繊維**には綿などの**植物繊維**と，毛や絹などの**動物繊維**がある。

| 繊維の種類 | | ぬれたときの強度 | 防しわ性 | 適する洗剤 | アイロンの温度 |
|---|---|---|---|---|---|
| 天然繊維 | 綿 | ◎ | △ | 弱アルカリ性 | 200℃まで |
| | 毛 | ○ | ◎ | 中性 | 150℃まで |
| | 絹 | △ | *1△ | 中性 | 150℃まで |
| 化学繊維 | ポリエステル | ◎ | ◎ | 弱アルカリ性 | 150℃まで |
| | ナイロン | ◎ | *2◎ | 弱アルカリ性 | 110℃まで |
| | アクリル | ◎ | ◎ | 弱アルカリ性 | 110℃まで |

◎性能がよい　○普通　△性能がおとる
＊1　○とするものもある　　＊2　○とするものもある

## 3 洗濯 ★

洗濯をする際の**取り扱い表示**には，次のようなものがある。

| 記号 | 意味 | 記号 | 意味 |
|---|---|---|---|
| 40 | 40℃以下の液温で，洗濯機での弱い洗濯可 | | 塩素系・酸素系の漂白剤の使用可 |
| | 40℃以下の液温で，手洗いができる | | ドライクリーニングはできない |
| | 家庭洗濯はできない | | アイロンはできない |

**得点アップ!** 繊維の種類と性質をしっかりおさえ，洗濯をする際の取り扱い表示や洗剤の特徴も頭に入れておこう。

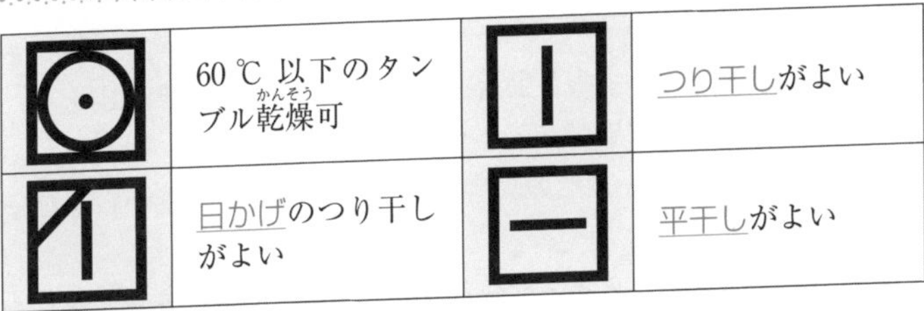

| 表示 | 意味 | 表示 | 意味 |
|---|---|---|---|
| | 60 ℃ 以下のタンブル乾燥可 | | つり干しがよい |
| | 日かげのつり干しがよい | | 平干しがよい |

## 4 洗剤の種類と特徴

洗剤の主な種類と特徴には，下のようなものがある。

| 種類 | 液性 | 特徴 |
|---|---|---|
| 石けん | 弱アルカリ性 | 原料は天然油脂。冷たい水に溶けにくいものもある。汚れが落ちやすい。 |
| 合成洗剤 | 弱アルカリ性 | 石油や天然油脂が原料の，石けん以外の洗剤。水に溶けやすい。 |

洗剤による汚れの落ちる様子は，下のようになっている。

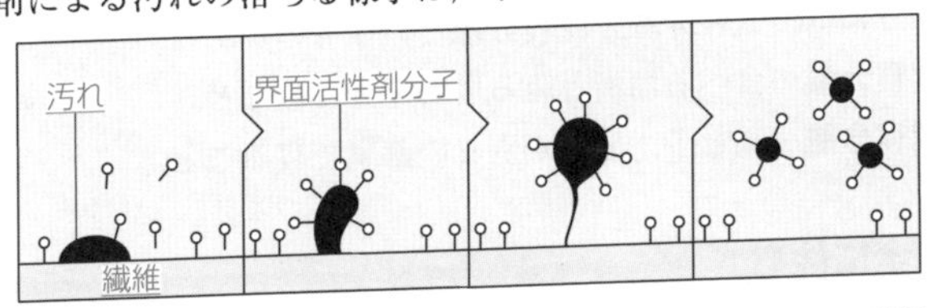


**テストでは**

□① 天然繊維には，植物繊維と何があるか。

□② この取り扱い表示は何を表しているか。

□③ 合成洗剤(弱アルカリ性)は，冷水に溶けやすいか溶けにくいか。

**解答**

①動物繊維
②つり干しがよい
③溶けやすい

〔　月　日〕

# 31 住まいの役割と機能

## 1 住まいの役割

住まいの役割には，生命と生活を守る，休養と安らぎと健康をもたらす，子どもが育ち家族が支え合うといったものがある。

- **生命と生活を守る**…自然の災害や，風雨や暑さ・寒さから身を守る。
- **安らぎと健康をもたらす**…くつろげて，健康と心身の安らぎをもたらす。
- **子どもが育ち家族が支え合う**…子どもが生まれ育ち，家族それぞれがプライバシーを大事にしながら成長していける。

## 2 住まいの空間 ★

住まいを生活行為によって分けると，下のようになる。

①**家族共有（家族生活）の空間**…食事，休養，団らん，接客など。
②**個人（個人生活）の空間**…睡眠（すいみん），勉強，趣味など。
③**家事（家事作業）の空間**…調理，洗濯（せんたく），アイロンがけなど。
④**生理・衛生の空間**…入浴，洗面，排（はい）せつなど。
⑤**移動と収納の空間**…出入り，通行，収納など。

住み方には，食寝分離（しょくしんぶんり）と就寝分離というものがある。

- **食寝分離**…食べる場所と寝（ね）る場所を分けること。
- **就寝分離**…親と子，兄弟が別々の部屋で寝ること。

## 3 安全に住む ★

住まいの中で発生する事故を家庭内事故という。主な原因としては，でき死，転倒や転落，誤えんによる窒息（ちっそく）などがあげられる。特に，幼児や65歳（さい）以上の高齢者（こうれいしゃ）には注意する必要がある。

だれもが安全に利用できるように，バリアフリーやユニバーサルデザインも重視する。段差をなくしたり，みんなにとって使いやすいデザインにしたりといったことが日常生活の安全にもつながる。

**得点アップ!** 住まいはどういった役割を持っていて，そこで快適に暮らすための条件は何かを知っておこう。

## 4 快適な室内空間 *

住まいで快適にすごすために，その環境にも注意する。

①**環境**…心地よい住まいの**環境**には温度，湿度，空気，光，音などの要素が関係している。

②**空気**…ほこりやカビ，ダニによる空気の汚染に注意する。また，化学物質が室内にこもることでシックハウス症候群を引き起こすこともある。

室内の気密性が増したこともあり，こまめな換気が必要である。窓を開けて新鮮な空気を取り入れよう。

③一酸化炭素…**ガスコンロ**や**ガス湯沸かし器**，**石油ストーブ**などの不完全燃焼が原因で発生する。命を落とすこともある重大な健康被害につながることがある。学校などでは一酸化炭素の空気中濃度を0.001％以下にするよう定められている。

## 5 日本の住まい

**南北**に長い日本では，**日本海側**と**太平洋側**，**瀬戸内地方**など，各地で気候が異なる。そのため，それぞれの気候風土にあった住まいがつくられてきた。現在では高層住宅も増えてきている。

・**北海道の工夫**…**雪**や**冷気**が室内に入らないよう，風除室がある。また，**暖房効果**を高めるため二重窓にしている。

・**沖縄の工夫**…台風の被害を防ぐため，平屋の周りを**石垣**や**樹木**で囲むつくりになっている。

**テストでは**

□① 住み方において，食べる場所と寝る場所を分けることを何というか。

□② 住まいの中で発生する事故を何というか。

□③ 化学物質が室内にこもることで起こる症候群を何というか。

**解答**

①食寝分離

②家庭内事故

③シックハウス症候群

〔　月　日〕

# 32 布を使った製作

## 1 製作の手順

おもな流れとしては，「作る物と，そのデザインを決める」「採寸する」「型紙を選ぶ」「布を選び，用具を準備する」「しるしをつける」「裁断(さいだん)する」「縫(ぬ)う」「仕上げる」となっている。

## 2 型紙と布を選ぶ

作る物の形や大きさを平面展開させたものが型紙である。目的に合ったものを選ぶ。

布を選ぶときは品質表示を見て，作る物に適した布かどうか考える。

## 3 しるし付け

できあがり線のしるしと合いじるし（２枚の布を正しく合わせるときのためのしるし）をつける。

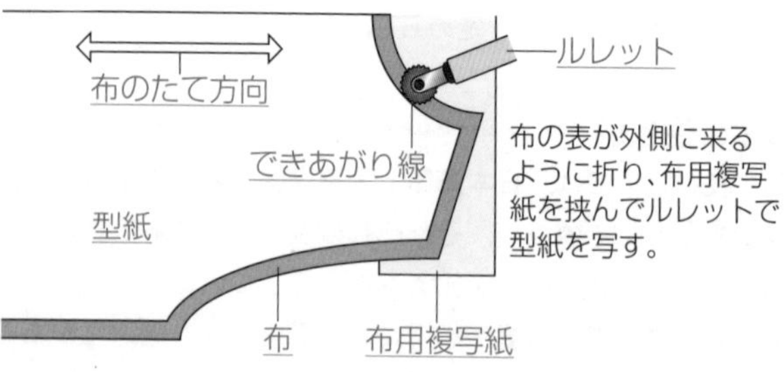


## 4 まち針の打ち方

しるし同士を合わせ，できあがり線に対し直角に下の順番で打つ。

◆打ち方　　◆打つ順番

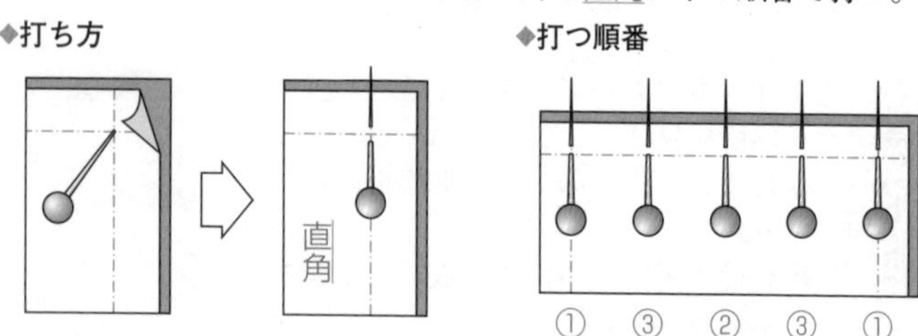

製作にあたっての全体の流れをおさえながら，各工程での用具や方法を覚えておこう。

## 5 ミシン縫い

ミシンの各部の名称(めいしょう)と使い方は，下の図のようになっている。

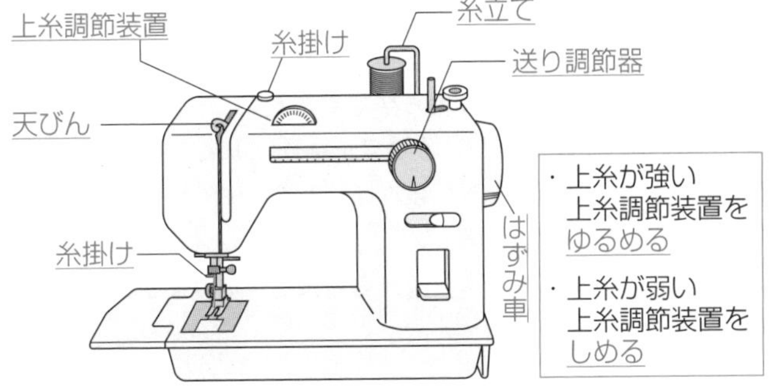



ミシン縫いの手順は，**しつけ**をして，ミシンで縫う。

①**しつけをする**…1針返し縫いをしてからしつけを始め，しるしより0.1 cm くらい外側にしつけをしてから，1針**返し縫い**をして終える。

②**ミシンで縫う**…しるしの上をミシンで縫い，**返し縫い**をするか，糸端(はし)を結んでからしつけを抜(ぬ)く。

ミシンの縫い方には，**返し縫い**，**二度縫い**，**三つ折り縫い**，**伏(ふ)せ縫い**，**袋(ふくろ)縫い**，**割り縫い**などがある。そのなかでも袋縫いはつくりが丈夫になる。

角をきれいにするときは，**額縁(がくぶち)仕立て**にして縫う。4辺の縫い代を三つ折りにして，まわりを縫う。角はまつりで仕上げる。

**テストでは**

□① 作る物の形や大きさが，その通りにかかれているものは何か。

□② まち針はできあがり線に対してどのように打つか。

□③ ミシンで縫う前に，布がずれないように軽く縫い合わせることを何というか。

**解答**

①型紙
②直角
③しつけ

# 幼児の生活①

## 1 体の発達 ★

出生から12歳ころまでは，**乳児期**，**幼児期**，**児童期**がある。

①**乳児期**…出生から1歳になるまで。

②**幼児期**…**1歳**から小学校に入学するまで。

③**児童期**…**小学校に入学**してから**卒業**するまで。

幼児期は体の発達が著しい時期で，身長は1歳で生まれたときの1.5倍，4歳で約2倍になる。体重は，1歳で生まれたときの約3倍となり，4歳で約5倍となる。

また，身長に対して頭が大きく，首の長さ，足の長さが短い。胴がくびれていない。

幼児期の**運動機能**と**生理機能**には，下のような特徴がある。

①**運動機能**…発達には個人差があり，歩き始める時期もさまざま。体が発達するに伴って，歩く，走るといった基本的な運動ができるようになる。手先の器用さも増していく。

②**生理機能**…成人よりも体温が高く，汗をかきやすい。そのため，十分な水分補給が必要になる。

また，体を休ませ，エネルギーを蓄えるため，成人よりも多くの睡眠時間を必要とする。

## 2 心の発達 ★

幼児期には，自立心が芽生える。また，自律心が身につき，3，4歳ごろまでに**言語**や**情緒**が発達する。

言葉については，最初は一語文を話すが，その後二語文を話すようになる。4歳のころには，日常会話がスムーズにできるようになる。個人差も大きい。

自立心が芽生え，自分の意志で行動するようになると幼児がお互いにかかわることが多くなる。そうした中で，相手のことを考えられるようになり，社会**性の発達**が促される。

幼児が成長するにしたがってどのような発達が見られるかをしっかりおさえよう。

**自立**…一人で服を脱(ぬ)いだり着たり，友達と遊ぶなかでも**自らの判断**で行動するなど，自分の考えで生活すること。
**情緒**…喜び，悲しみ，恐(おそ)れ，怒(いか)り，心配，嫉妬(しっと)，恥(は)ずかしさなどのこと。
**社会性**…ほかの人に対して見せる，いろいろな反応や働きかけ。

技術・家庭　家庭分野

## 3 生活習慣

食事，睡眠，排(はい)せつ，休養といった，生活をしていくうえで毎日繰(く)り返し行っている習慣を，基本的生活習慣という。

年齢(ねんれい)が上がるにつれてできることが増えていく。

①**食事**…手先の器用さが増して，スプーンでご飯を食べられるようになる。友達と会話を楽しみながら食事ができたり，当番などの役割を果たせたりするようになる。

②**着脱衣(ちゃくだつい)**…服の脱ぎ着をする動きができるようになり，自分でする気持ちが増す。一人で衣服の脱ぎ着ができ，周囲の温度に合わせて衣服が調整できるようになる。

③**トイレ**…見守られて排せつできる。排せつの後始末をうまくできるようになる。

また，多くの人と相互にかかわり，生活をするようになると，社会的な習慣やマナーといった社会的生活習慣を身につけることが必要とされる。あいさつや言葉遣(づか)い，公共の場での態度やルールなどがあげられる。

**テストでは**

□① 幼児期において，身長は1歳で生まれたときの何倍になるか。

□② 幼児期に現れる，感情を総称(そうしょう)して何というか。

□③ 生活のうえで毎日繰り返されることを自ら行う習慣を何というか。

**解答**

①1.5倍
②情緒
③基本的生活習慣

# 34 幼児の生活 ②

## 1 遊びによる発達

幼児にとって，遊びは生活の中心であり，それを通して，運動**機能**，言葉，認知，社会性などが発達する。

１歳半から２歳ごろにかけて，目の前にないものを思い浮かべることができるようになる。たとえば，段ボールを家や湯船に「見立て」て遊ぶ楽しみを覚える。

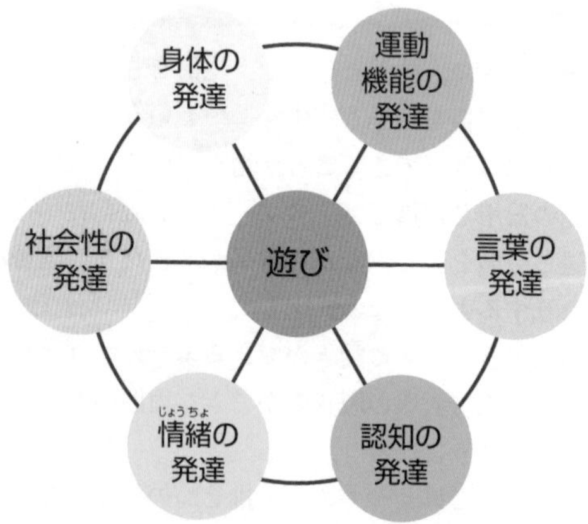


## 2 おもちゃと遊び場所

**おもちゃ**は，遊びのきっかけとなり，イメージを広げながら遊びそのものを豊かにしてくれる。おもちゃとしてつくられたもの以外にも，石や空き箱など，身のまわりのものもおもちゃになる。

幼児のおもちゃは，発達**の段階**に合った安全なものであることが重要である。また，**いろいろな使い方**ができて，**色彩**や**形**が美しく，**扱いやすい大き**さのものであることも大事である。

日本玩具協会が設けた，ＳＴ**マーク**がついているものを選ぶとよい。

幼児は**好奇心**が旺盛なため，その気持ちを満足させられる遊び場所が必要だが，**安全**でなければならない。

幼児の発達に重要な役割を持つものと，幼児を守り，よりよい環境を与えるものは何かをおさえておこう。

## 3 子どもを保護する条約や法律 ★

子どもを守る条約や法律には，**児童憲章**や**児童福祉法**などがある。

①**児童憲章**…1951 **年5月5日**に制定された。**日本で最初**の子どもの権利宣言である。ここでは，すべての子どもの幸せが実現できるように社会が果たすべき責任と義務が定められている。前文には,「児童は，人として尊ばれる」「児童は，社会の一員として重んぜられる」「児童は，よい環境のなかで育てられる」と記されている。

②**児童福祉法**…児童福祉に関係する基本理念が示されている。

ユニセフ(**国際連合児童基金**)は 1946 年に，戦争による被害を受けた子どもたちを助ける目的で設置された。「**児童の権利に関する条約**(子どもの権利条約)」に基づいて行動している。

## 4 幼児のための施設 ★

集団保育のための施設には，保育所や幼稚園がある。この両施設を一体化した施設を認定こども園という。

子育てに関する相談や情報提供を行ったりする子育て支援センターや児童相談所は，各市町村に設置されている。

子どもの健康を守るため，保健センターや保健所，**病院**といった施設がある。加えて，さまざまな交流の場として児童館や**児童遊園**といった施設がある。

職場に保育施設を設置する企業もある。

**テストでは**

□① 日本玩具協会が設けている，安全基準に合格したものにつけるマークを何というか。

□② 1946 年に，戦争の被害を受けた子どもを助ける目的で設置された組織を何というか。

□③ 保育所と幼稚園を一体化した施設を何というか。

**解答**

①ＳＴマーク
②ユニセフ(国際連合児童基金)
③認定こども園

# 家庭生活と消費 ①

## 1 家庭の働き

家庭は，**家族**の生活**の場**であり，健康で**心豊か**な生活を送るための役割がある。

**子どもを生んで育てる，安らぎを与える，暮らしのための収入を得る，文化を伝える，地域の生活・交際・交流をする**という働きがある。

また，家庭の仕事は地域や自治体，企業によって支えられていて，**食生活，衣生活，住生活，家族にかかわる仕事**などがそれにあたる。

①**食生活**…外食，宅配サービス，調理済みの食品など。
②**衣生活**…クリーニング，衣装（いしょう）のレンタル，服のリフォームなど。
③**住生活**…ハウスクリーニング，掃除（そうじ）用品レンタルなど。
④**家族にかかわる仕事**…幼稚園，保育所，訪問介護（かいご），介護老人福祉施設（ふくししせつ）など。

## 2 家庭と地域

家族に育てられるとともに，地域の人たちとかかわりながら成長をすることが重要。地域の活動には，**環境美化**や防災，**伝統的な**行事**や**生活文化**の伝承（でんしょう）**といったものがある。

## 3 消費生活 ★

**消費者**の一人として，よりよい**消費生活**を送るようにする。

・**消費者**…商品やサービスを購入（こうにゅう）し，利用する人。

商品の売買で，消費者と販売者の間に契約（けいやく）が成立する。契約は，消費者の購入したい気持ちと販売者の売りたいという気持ちが**合致**したときに成立する。契約には，服を買う，電車やバスを利用するなど，さまざまなものがある。

・**契約**…法律によって守られた約束事。
・**消費者**…「**代金を支払う義務**」と「**商品を入手する権利**」を持つ。
・**販売者**…「**商品を渡す義務**」と「**代金を請求する権利**」を持つ。

**得点アップ!** 家庭と地域のかかわり方を理解するとともに，消費生活における商品や販売方法，支払方法をそれぞれおさえておこう。

## 4 商品と販売方法 ★

購入・消費する商品には物資とサービスがある。

- **物資**…形のあるもの。食料品や衣料品，住居，書籍（しょせき），文具，医薬品など。
- **サービス**…形のないもの。電話，インターネット，クリーニング，医療（いりょう），学校教育など。

販売方法には，店舗（てんぽ）販売と無店舗販売がある。

①**店舗販売**…商品を**直接**見て購入することができ，他の商品との**比較**や店員への**相談**ができる。ただし，店舗によって買える商品が変わる。スーパーマーケットやコンビニエンスストア，デパートなど。

②**無店舗販売**…通信販売や訪問販売がある。店舗に行かなくても購入が可能という利点があるが，実物を見ることができないため，自分に必要なサイズか確認できなかったり，他の商品との比較ができなかったりといった欠点がある。

## 5 支払方法 ★★

支払方法には，**前払い**(プリペイド)，**即時**（そくじ）**払い**，**後払い**がある。このうち，自分にできる最もよい方法を選択する必要がある。

①**前払い**…あらかじめ**プリペイド型電子マネー**などを購入し，現金の代わりに使用する。**図書カードやテレホンカード**など。

②**即時払い**…商品と**引き換**（か）**え**にその場で現金や商品券で払（はら）う。

③**後払い**…商品を先に購入し，期日までに**一括**（いっかつ）して払ったり，分割して支払ったりする。クレジットカードなど。

**テストでは**

□① 商品やサービスを購入し，それを利用する人のことを何というか。

□② 形のない商品のことを何というか。

□③ 図書カードやテレホンカードは，支払方法としては何払いにあたるか。

**解答**

①消費者
②サービス
③前払い

技術・家庭 家庭分野

# 家庭生活と消費 ②

## 1 いろいろなマーク

商品についているマークは，商品選択・購入において必要な情報を表していて，下のようなものがある。

| | | |
|---|---|---|
| | ＰＳＣマーク | 消費生活用製品安全法の基準に適合した製品につけられていて，このマークがないと販売できない。 |
| | ＳＧマーク | 製品安全協会が，安全基準に合格したと認めた製品につけられる。 |
| | ＰＳＥマーク | 電気用品安全法の基準に適合した製品につけられる。 |
| | ＪＩＳマーク | JISとは，日本産業規格の略称。これに適合した製品につけられる。 |
| | Ｇマーク | 見た目だけでなく，暮らしの質を高める優れたデザインである製品につけられる。 |

## 2 消費者の権利と責任

国際消費者機構（ＣＩ）は，消費者には**８つの権利**と**５つの責任**があるとしている。

**【消費者の８つの権利】**

①生活の基本的ニーズが保障される権利
②安全である権利
③知らされる権利
④選ぶ権利
⑤意見を反映される権利
⑥補償を受ける権利
⑦消費者教育を受ける権利
⑧健全な環境の中で働き生活する権利

**【消費者の５つの責任】**

①批判的意識を持つ責任
②主張し行動する責任
③社会的関心を持ち，他者（特に弱者）へ配慮をする責任
④環境へ配慮する責任
⑤消費者として連帯する責任

消費者の生活をおびやかすトラブルと，それを守るための法律や制度をしっかりおさえておこう。

## 3 消費者トラブル ★★

消費者トラブルにつながる商法には，下のようなものがある。

- **悪質な訪問販売**…家庭などを訪問し，無理に購入をせまる商法。
- **キャッチセールス**…街頭で消費者を呼び止めて，喫茶店(きっさてん)や店舗(てんぽ)に連れて行き，商品などの購入をせまる商法。
- **アポイントメントセールス**…はがきや電話などで呼び出し，商品などの購入をせまる商法。
- **マルチ商法**…ほかの人を勧誘すればもうかると話をし，商品を購入させ会員にする商法。

上記のような**消費者トラブル**から消費者を守るために，消費者契約(けいやく)法や**製造物責任法**(ＰＬ法)などの法律がある。

①**消費者契約法**…消費者と事業者を結ぶあらゆる契約に適用される。悪質商法などでの契約を取り消すことができる。

②**製造物責任法（ＰＬ法）**…製造物の不具合が原因で被害を受けた場合，製造者に損害賠償(そんがいばいしょう)を求めることができる。

消費者からの相談を受け付ける公的機関として，消費者庁や国民生活センター，消費生活センターなどがある。

売買契約を結んだ後で，一定期間内であれば契約を解除することができる制度をクーリング・オフ制度という。ただし，この制度を適用できない商品もある。消費者トラブルにあったときには，家族や地域の消費生活センターに相談しよう。

技術・家庭 家庭分野

□①  このマークを何というか。

□② 街頭で消費者を呼び止め，店舗などに連れて行き商品を購入させる商法を何というか。

□③ 売買契約後，一定期間内であれば契約を解除することができる制度を何というか。

**解答**

①ＳＧマーク
②キャッチセールス
③クーリング・オフ制度

# 37 消費生活と環境

## 1 生活と環境

快適な生活は，資源やエネルギーを消費することで成り立っている。石油などの化石燃料を大量に消費することは，地球温暖化といった環境問題の発生につながっている。

- **化石燃料**…石油や石炭，天然ガスなど。
- **環境問題**…地球温暖化，大気汚染，水質汚濁，砂漠化など。

## 2 資源の有効利用 ★

資源の消費を抑えるために，廃棄物を資源として再び利用し，環境への負担をできるかぎり減らす社会を循環型社会という。

循環型社会を進めていく取り組みとして，

①ごみの発生を減らす(**発生抑制**)リデュース，

②手を加えるなどして再び利用する(**再利用**)リユース，

③再生して資源とする(**再生利用**)リサイクル

があり，これを合わせて3Rという。

また，不要なものを拒否すること(リフューズ)，製品を修理して長く使う(リペア)なども合わせ，5Rといわれることもある。

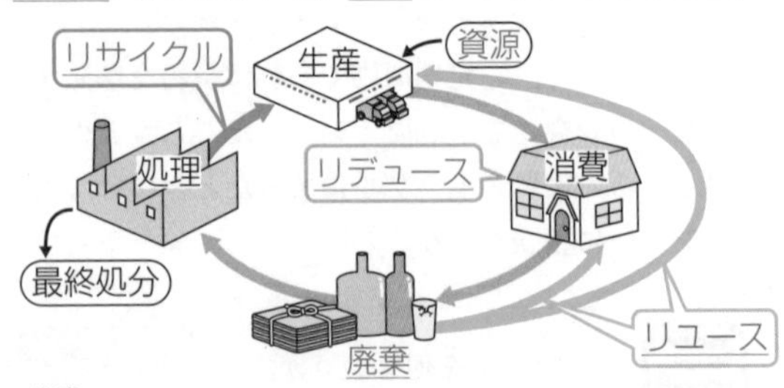


資源に配慮して，次の世代の人々も地球の恵みを受け取れるような持続可能な社会を目指すことが必要である。

また，循環型社会にするには，私たちはどのような工夫ができるか考えてみよう。

3Rとは何を意味していて、それに関連するものにどういった用語や法律があるかを覚えておこう。

## 3 持続可能な消費生活 *

**消費者**が商品を選ぶことで，商品が改善されたり，事業者の姿勢を変えたりすることができる。

SDGs(持続可能な開発目標)では，17の目標が設定されている。12番目には生産者や販売者として環境，人，社会に配慮した商品を提供する責任があることや，消費者としてこうした商品を選ぶ責任があることが掲げられている。

このように環境，人，社会，地域などにも配慮した**倫理的な消費**のことをエシカル消費という。

自立した消費者としてできることを実践することで，**消費者市民社会**の実現を目指すことができる。

## 4 環境に関するマーク *

| | | |
|---|---|---|
| | エコマーク | 環境に配慮(はいりょ)していると認定された商品につけられる。 |
| | グリーンマーク | 古紙をリサイクルして原料に使用した製品につけられる。 |
| R100 | 再生紙使用マーク | 印刷物などで，再生紙を使用しているものにつけられる。数字は古紙の割合。 |
| R 牛乳パック再利用 | 牛乳パック再利用マーク | 使用済み牛乳パックをリサイクルして作られた商品についている。 |

**テストでは**

□① 石油や石炭，天然ガスなどを総称して何というか。
□② 手を加えるなどして再び使うことを何というか。
□③ 倫理的な消費のことを何というか。

**解答**

①化石燃料
②リユース
③エシカル消費

〔　月　日〕

# 体つくり運動

## 1 体育で学ぶ運動の種類

体つくり運動は，体を動かす楽しさや心地よさを味わい，体力を高めることを目標に行う。**体ほぐしの運動**と**体力を高める運動**を組み合わせて，運動計画に組み込(こ)んでいく。

①**体ほぐしの運動**…体の調子を整え，仲間と交流する。

②**体力を高める運動**…柔軟(じゅうなん)性や，力強い動きを高めたりする。

## 2 体ほぐしの運動 ★★

体ほぐしの運動は，手軽な運動などを通して体を動かす楽しさを味わい，体の調子を整えるもの。自分の体や心の状態に気づけ，仲間(なかま)と豊かな交流を結べる。

①**体と心への気づき**…床(ゆか)に座ったり，横たわったりした状態から姿勢を転換(てんかん)する，体を伸展(しんてん)するなどして，心身の状態を感じる。

②**体と心の調整**…八方往復運動など，選んだ動き方を継続(けいぞく)し，リズミカルに動いてみる。

③**仲間との交流**…ペアを組んでストレッチングを行ったり，いろいろな道具を使ったりして交流を楽しむ。

## 3 体力を高める運動 ★★

①**柔軟性を高める運動**…関節の曲げ伸(の)ばしなどをして筋肉や腱(けん)をのばし，柔軟性を高める。→ストレッチングなど

②**巧(たく)みな動きを高める運動**…歩く，走る，跳(と)ぶ，振(ふ)るなどの動きを組み合わせリズミカルに動く。→リズミカルな動きなど

③**力強い動きを高める運動**…自分の体重などを負荷として利用しながら，足腰(あしこし)などを強くする。→ジャンプなど

④**動きを持続する能力を高める運動**…体内に酸素を取り入れながら，動きを続けたり，反復したりする。心肺機能が高まり，動きを持続する能力が向上する。→ジョギングなど

体力を高める運動には，どういったものがあって，どういった役割があるかを頭に入れておこう。

ストレッチング

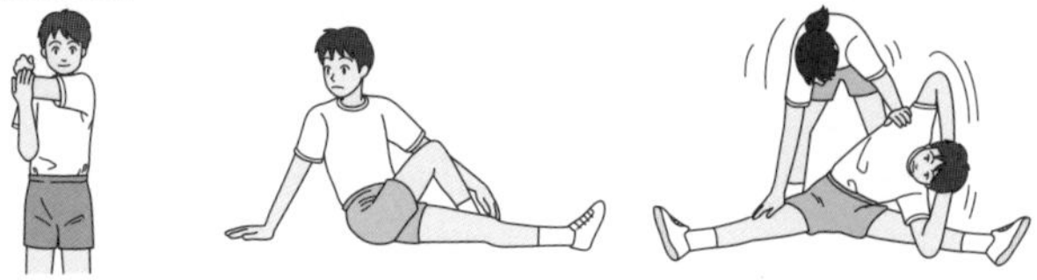

リズミカルな動き

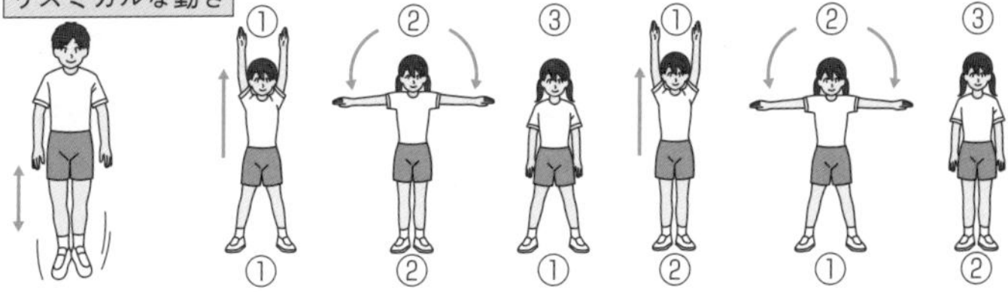

ジャンプなど

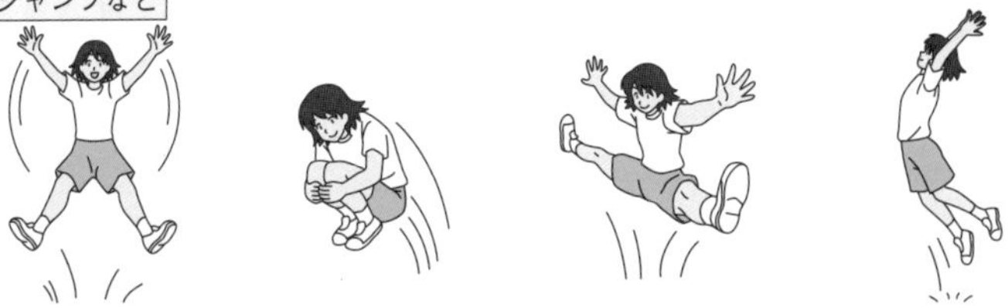

動きを続ける

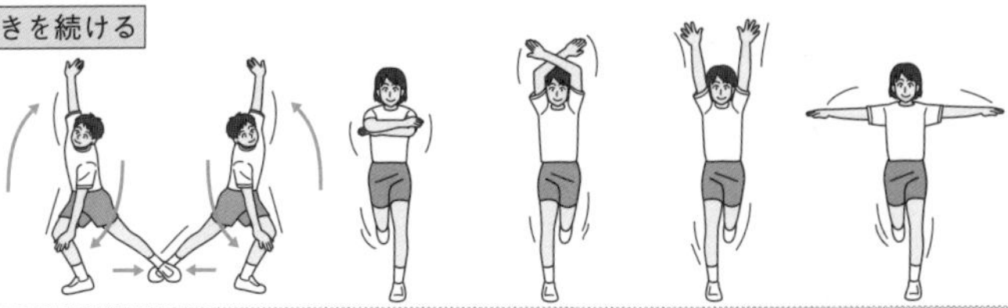

**テストでは**

□① 体つくり運動の目的の１つは，何の向上にありますか。

□② 体ほぐしの運動の目的の１つは，だれとの交流ですか。

□③ ジャンプなどの動きは，どのような動きを高めることにつながりますか。

**解答**

①体力

②仲間

③力強い動き

# 2 陸上競技

## 1 短距離走，リレー，長距離走 ★

- **短距離走**のスタートは，クラウチング**スタート**で行う。その後，加速**疾走**に入ってから中間疾走に移る。加速疾走では，体は前傾を保ち，次第に体を起こしていく。次の中間疾走では，腰を高く保ち，けり足が後ろへ流れないように速く前へ運ぶ。
- **リレー**では，バトンパスはバトンがテークオーバーゾーンの中にある間に行う必要があり，その長さは30 **m** となっている。
- **長距離走**のスタートは，スタンディング**スタート**で行う。走るときは肩の力を抜き，腰の位置が落ちないようにする。
- 腕を自然に振り，歩幅も自然にとり，体の上下動を少なくする。

## 2 ハードル走

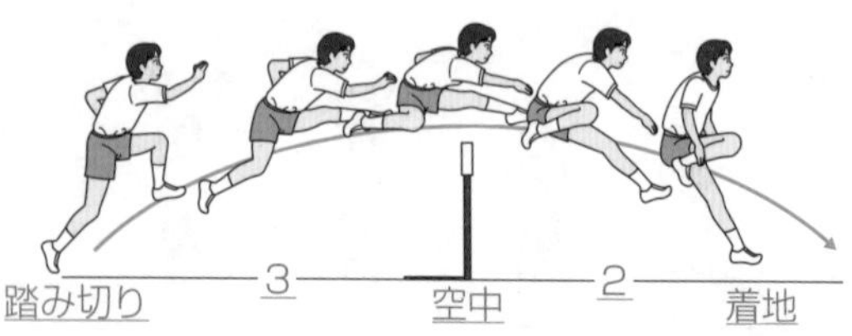


**ハードル走**のスタートは，クラウチング**スタート**で行う。踏み切り→空中→着地という一連の動きをハードリングという。踏み切り位置と着地点は，ハードルを境にして3：2となるのが理想。

ハードルとハードルの間をインターバルといい，一般的には3**歩**で走る。また，足がハードルの外側に出たり，自分のレーン以外のハードルをとんだり，ハードルを故意に倒したりした場合は失格。

**得点アップ!** 各競技のルールなどを覚えながら，要所要所で出てくる長さや回数などの数値も忘れないようにしよう。

## 3 走り幅とび

体をそらせるとび方をそりとび，空中で走るように足を動かすとび方をはさみとびという。

踏み切り板には，かかとから入り，足裏全体で強く踏み切る。記録を測るときは，砂場に残った着地跡(あと)のうちで踏み切り線に一番近い部分と踏み切り線または，踏み切り線の延長に対して直角に計測する。

## 4 走り高とび

◆ベリーロール

◆はさみとび

◆背面とび

ベリーロール，はさみとび，背面とびなどいくつかのとび方がある。はさみとびは7～11歩で助走するのが一般的。

走り高とびでは，バーを落としたとき，両足で踏み切ったときなどに無効試技となる。試技は**連続3回**失敗するまで行える。

**テストでは**

□① リレーのバトンパスは，何というゾーンの中で行わなければいけないか。

□② ハードル走において，ハードルとハードルの間のことを何というか。

□③ 走り高とびは連続何回失敗するまで行えるか。

**解答**

①テークオーバーゾーン

②インターバル

③3回

# 3 器械運動

## 1 マット運動

マットに両手をつき，前に回転する動作を前転という。後転はその逆で，後ろに回転する動作のことをいう。後転をするときは，ひざが頭にあたらないようにかるく曲げ，腰を伸ばした状態で回転する。

両手を肩幅に開いて床(地面)につき，足をけり上げて逆立ちの状態になることを倒立という。

①**開脚前転**…ひざを伸ばして前転し，かかとがマットにつく直前に両足を開脚して起き上がる。開脚は，両足を開いた状態のこと。

②**伸しつ前転**…ひざを伸ばした状態で前転し，かかとがマットにつく直前に両足をそろえて立つ。伸しつは，ひざを伸ばした状態のこと。

③**側方倒立回転**…前に向いた状態から上体を４分の１ひねって倒立し，そのまま横に一直線上に回転する。

④**前方倒立回転とび**…足を勢いよく振り上げて倒立し，手でマットをつき放して回転する。

**得点アップ！** マット運動やとび箱運動の技や動きの区別をつけて，混同しないようにしよう。

## 2 とび箱運動

①**斜め開脚とび**…手前に着手し，足はその手よりも低くし，体を斜めにしてとぶ。

②**前方倒立回転とび**…手は前方に着手し，ひざを伸ばした状態で高くとぶ。

③**頭はねとび**…踏み切り後，台上で手とひたいを着け，腰が前に出たときにつき放す。

## 3 平均台

①**両足ターン**…両手を挙げてつま先で立って**回転**する。ターン中は両手を上げる。上体をまっすぐに伸ばして，一息でターンすると，ふらつきにくくなる。

②**体波動**…腰を中心に，体を大きく柔らかく動かす。

**テストでは**

□① マット運動で，ひざを伸ばした状態で前転し，両足をそろえて立つ動作を何というか。

□② とび箱運動で，台の上で手とひたいで体を支えるようにして回転する技を何というか。

□③ 腰を中心に体を前後に動かす動きを何というか。

**解答**

①伸しつ前転
②頭はねとび
③体波動

〔　月　日〕

# 4 水泳

## 1 クロール

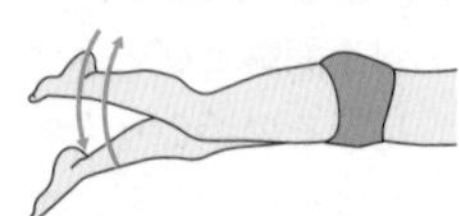

足の動きは足首の力を抜き，足の股関節から動かし，けり上げるときのひざは伸ばす。遠くの水をつかむような気持ちで入水する。水中で息を少しはき，水面に顔が出た瞬間に最後のひとはきをし，その反動で吸う。ターンとゴールのときは，体の一部が壁に触れればよい。

## 2 平泳ぎ

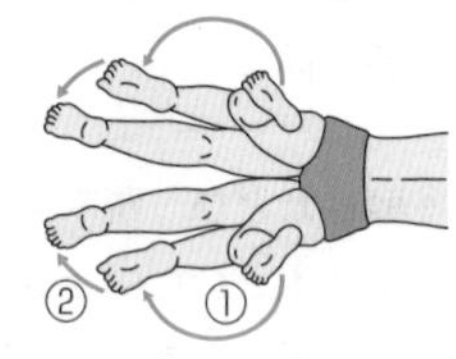


足の動きはかえる足。腕の動きは，手のひらを外側に向けて，両手を開きながら水をかく。

両足と両腕の動きは同時で，左右対称でなければならない。ターンとゴールのときは，両手が同時に壁に触れる必要がある。

## 3 背泳ぎ

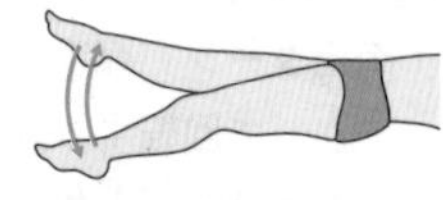

足の動きは足首をやわらかく使い，足の甲で水をけり上げる。腕の動きは，小指から入水して手の平を足のほうに向け，水をしっかり押す。

ターンのときは，その動作中に体の一部が壁に触れればよい。ゴールのときは，タッチをあお向けの姿勢で行わなければならない。

## 4 バタフライ

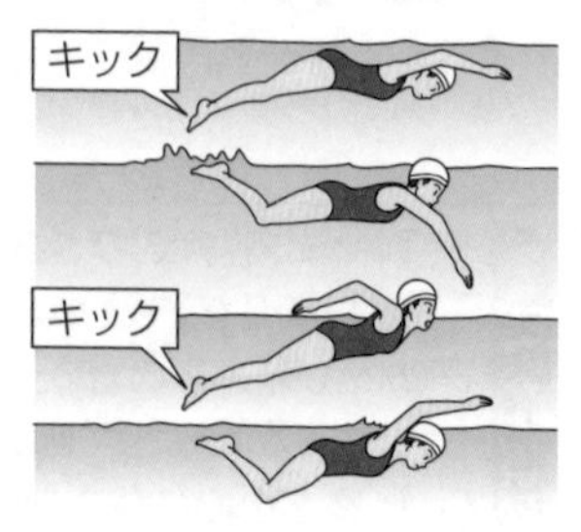


足の動きはドルフィンキックで，両足をそろえて上下に動かして水をける。

ターンとゴールタッチは，両手が同時に壁に触れなければならない。

※クロール・背泳ぎ・バタフライでは，スタートとターンの後は，壁から15 mまでの間に水面上に頭を出さなければならない。

それぞれの泳ぎの動作やルールを，はっきりと区別して覚えよう。

## 5 メドレー

**個人メドレー**は，バタフライ→背泳ぎ→平泳ぎ→自由形の順に泳ぐ。**メドレーリレー**は4人で行い，背泳ぎ→平泳ぎ→バタフライ→自由形の順に泳ぐ。メドレーリレーでは，次の泳者は，前の泳者が壁に触れてからスタートしなければならない。

## 6 スタート

自由形，平泳ぎ，バタフライのスタートはとびこみで，背泳ぎのスタートは水中から行う。

## 7 タ ー ン

◆クロールのクイックターン(フリップターン)

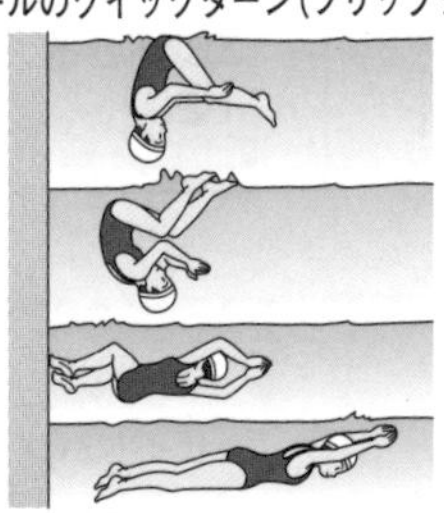

◆背泳ぎの一般的なターン

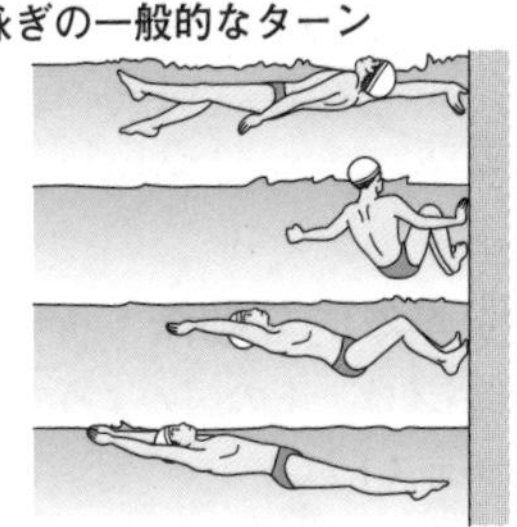

- **クロール**はクイックターン(フリップターン)または一般的なターンで，体の一部が壁に触れればよい。
- **背泳ぎ**は体の一部が壁に触れればよい。
- **平泳ぎとバタフライ**は，両手を伸ばし，同時に壁に触れなければならない。

**テストでは**

□① 平泳ぎの場合，両足と両腕の動きは同時で，どうなっている必要があるか。
□② バタフライの足の動きを何というか。
□③ メドレーリレーで，バタフライの次の泳ぎは何か。

**解 答**

①左右対称
②ドルフィンキック
③自由形

保健体育 体育分野

〔　月　日〕

# 5 バスケットボール

## 1 競　技

・試合は1チーム5人で行われる。

・得点は，フリースローが1点，ツーポイントラインの内側からのシュートが2点，スリーポイントエリアからのシュートが3点。

・競技時間(中学生の場合)は，第1～4の各クォーターは8分ずつ。インターバルは2分，ハーフタイム(第2と第3クォーターの間)は10分。

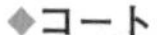

◆コート

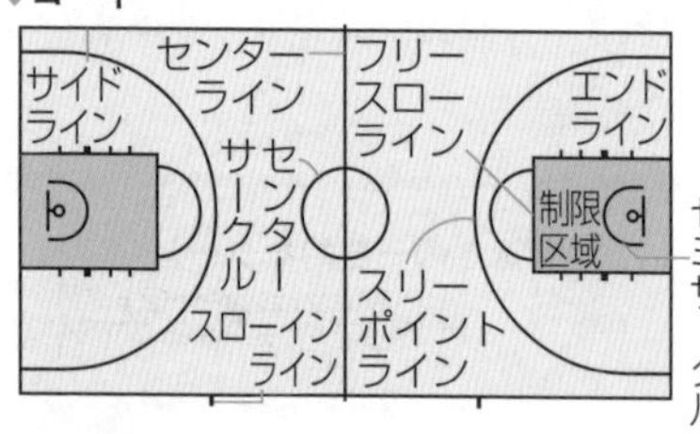


◆リングの高さ

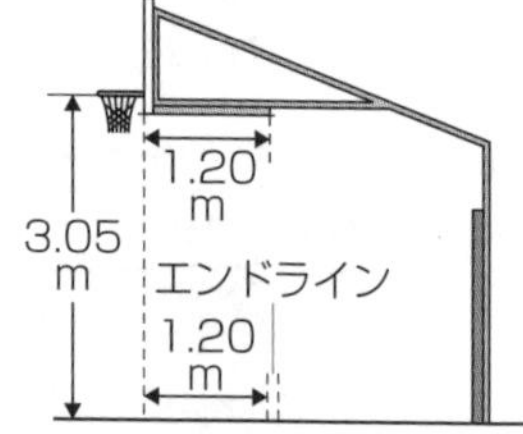


## 2 基本的な動作

**パス**は，下の図のようなものがある。

◆チェストパス

◆ショルダーパス

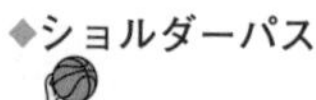

◆サイドハンドパス

**ストップ**は，ボールを受け取って止まる動作である。

①**ジャンプストップ**…走りながら空中でボールを受け取り，両足を同時に着地させる動作。

②**ストライドストップ**…ボールを受け取った後，片足ずつ着地する動作。軸足(じくあし)は，最初に着地した足になる。

ピボットターンは，ボールを持ったまま，片方の足を軸足にして体を回転させる動作。

**得点アップ!** ストップやピボットなど，バスケットボールに特有の動作をつかんでおこう。

## 3 攻撃と防御

味方にパスをしてゴール下に走り込み，パスを受け取ってシュートする攻撃をカットインプレイという。

各自が防御する相手を決めて守る方法をマンツーマンディフェンス，各自が決められた区域を守る方法をゾーンディフェンスという。

## 4 反則(ファウル) ★

体の接触による違反をパーソナルファウルといい，スポーツマンらしくない行為をテクニカルファウルという。パーソナルファウルには，下のような種類がある。

①**ホールディング**…相手の体をおさえる。

②**プッシング**…相手の体を押す。

③**チャージング**…相手の体につきあたる。

④**イリーガルユースオブハンズ**…相手をたたいたり，つかんだりする。

## 5 反則(バイオレーション) ★

ファウルには当たらない，プレーに関するルール違反を**バイオレーション**という。バイオレーションには，下のような種類がある。

①**トラベリング**…ボールを受け取って，3**歩**以上持ち歩いたり，軸足がずれたりする。

②**イリーガルドリブル(ダブルドリブル)**…ドリブルをして両手でボールに触れた後，再びドリブルする。

③**ボールをバックコートに返す**…バックコートへボールをパスをする。

**テストでは**

□① 中学生の場合の各ピリオドの時間は何分か。

□② ボールを持ったまま，片方の足を軸足にして体を回転させる動作を何というか。

□③ 相手をたたいたり，つかんだりするファウルを何というか。

**解答**

①8分
②ピボットターン
③イリーガルユースオブハンズ

# 6 サッカー

## 1 競　技

・試合は1チーム11人で行われる。

・得点は，ボールがゴールラインを完全に通過してゴールに入ったときに1点が入る。

・競技時間(中学生の場合)は，前半・後半各25分，30分などと試合による。ハーフタイムは15分を超えない。

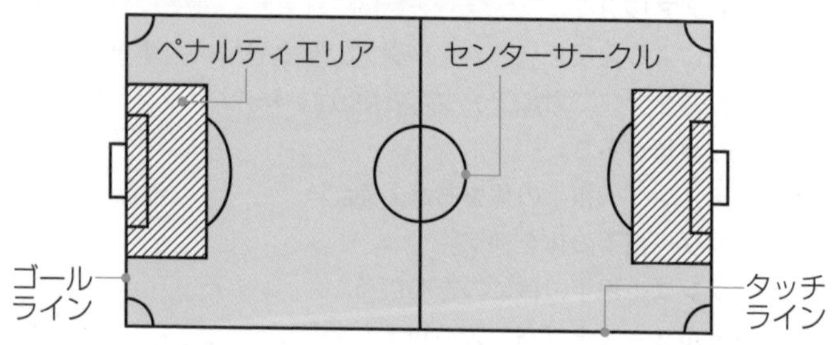


## 2 基本的な動作 ★

①**インサイドキック**…足の内側でける。ボールを正確にけるためのキック。

②**インステップキック**…足の甲でける。ボールを遠くに飛ばしたり，シュートしたりするためのキック。

③**アウトサイドキック**…足の外側でける。ボールを正面や斜め前方にすばやくけり出すためのキック。

ボールの扱い方にはドリブルやヘディング，トラッピングなど下のようなものがある。

どのような状況で，どのキックを使うのが有効かを覚えておこう。

## 3 競技の進め方

- 自分のチームのボールがタッチラインを越えたとき，ボールの出た地点から相手チームのスローインで再開となる。
- 攻撃(こうげき)しているチームがゴールラインからボールを外に出したとき，防御側のチームのゴールキックで再開となる。
- 防御側のチームがゴールラインからボールを外に出したとき，相手チームのコーナーキックで再開となる。

## 4 反　則★

右のように，相手陣内(じんない)で，相手側の２番目に後ろにいる選手よりもゴールラインに近くいて，ボールよりも前にいる選手がプレーに関わるとオフサイドとなる。

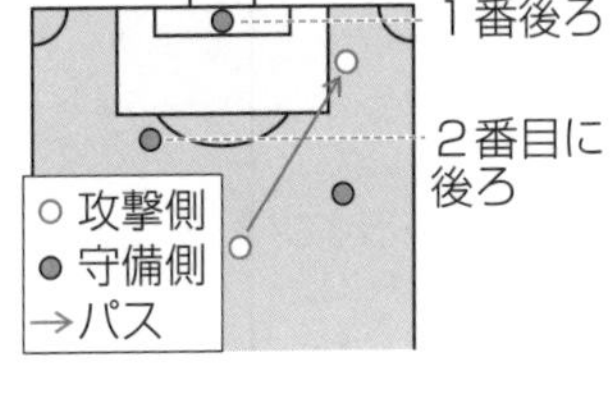


オフサイドや，故意に相手の進路を妨害するなどの軽い反則の場合は，間接フリーキックで再開となり，直接ゴールをねらうことはできない。ハンドリングや，相手をけろうとする，相手をつまずかせるなどの重い反則の場合は直接フリーキックで再開となり，直接ゴールをねらうことができる。

直接フリーキックになるような反則を自陣(じじん)のペナルティエリア内で行った場合は，相手チームによるペナルティキックとなる。この場合は，相手チームがペナルティマークにボールを置いてキックを行う。

**テストでは**

□① 足の甲でける，ボールを遠くに飛ばすためのキックを何というか。

□② 攻撃しているチームがゴールラインからボールを外に出したとき，防御側のチームが行うキックを何というか。

**解　答**

①インステップキック

②ゴールキック

〔　月　日〕

# 7 バレーボール

## 1 競　技

・試合は1チーム6人で行われる。

・2点差以上の差をつけて先に25点を得たチームがそのセットの勝者となる。24対24の場合は，どちらかが2点リードするまで続けられる。5セットマッチの場合，3セットを先取したチームが勝ちとなる。

・サービス権を得たチームが，時計(右)回りに1つずつポジションを移動することをローテーションという。

エンドライン
アタックライン
センターライン
サイドライン
フロントゾーン
バックゾーン

## 2 基本的な動作

・セッターが，アタッカーにボールを上げることをトスといい，高くとび，相手コートにボールを打ち込むことをスパイクという。

・パスには，下のようなものがある。

◆オーバーハンドパス　◆アンダーハンドパス

・オーバーハンドパスは両手を開き，ひたいの前で三角形をつくり，手首のスナップとひざのばねを使ってボールを送り出す。アンダーハンドパスは腕(うで)を伸(の)ばし，ひざのばねを使ってボールを送り出す。

**得点アップ!** リベロは12名中2名まで登録できるが，コートでプレイできるのは1名のみであることを覚えておこう。

## 3 攻撃と防御

レシーブ→トス→スパイクの順番で行われる攻撃方法を3段攻撃といい，レシーブ→スパイクの順番で行われる攻撃を2段攻撃という。

プッシュ(フェイント)は，強打と見せかけて強打をせず，レシーバーのいないところにボールを落とす攻撃のこと。

相手が打ったボールを，ネットの近くでジャンプして，ボールを手ではね返すことをブロックという。

## 4 反　　則★

- **キャッチボール**…ボールを止めたり，正しく打たなかったりする。
- **ダブルコンタクト**…1人のプレイヤーが2回連続でボールに触れる。
- **フォアヒット**…1チームが続けて4回以上ボールに触れる。
- **タッチネット**…プレイヤーがネットに触れる。
- **オーバーネット**…相手コートにあるボールに触れる。
- それぞれの反則に対する主審の合図は，下の通りである。

◆キャッチボール

◆ダブルコンタクト

◆フォアヒット

◆ネットへの接触(タッチネット)

◆オーバーネット

**テストでは**

□① サービス権を得たチームが，時計回りにポジションを移動することを何というか。

□② レシーブ→トス→スパイクの順番で行われる攻撃方法を何というか。

□③ 1チームが続けて4回以上ボールに触れる反則を何というか。

**解答**

①ローテーション
②3段攻撃
③フォアヒット

保健体育　体育分野

〔　月　日〕

# 8 柔道，剣道

## 1 柔道の基本動作 ★

移動はすり足で行い，移動方法にはつぎ足と歩み足がある。

技をかけるときに，素早く自分の体の向きを変化させる動きを体さばきという。技をかけやすいように，投げ技をかける前に相手の体を不安定な状態にすることをくずしという。

受け身とは，投げられたときの衝撃をやわらげる方法。受け身には下のような種類がある。

◆後ろ受け身

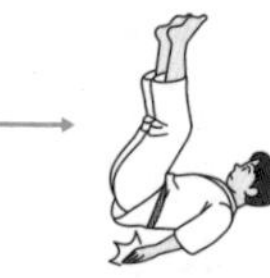

◆前回り受け身

◆横受け身

①**後ろ受け身**…背中がたたみにつく前に頭**部**を前に曲げ，両腕でたたみをたたく。

②**前回り受け身**…右手をついて巻き込むように前**方**に回転し，背中がつくと同時に左手でたたみをたたく。

③**横受け身**…右足を左**前方**に伸ばし，右**斜め後方**に倒れ，右**手**でたたみを強くたたく。

## 2 柔道の技

◆ひざ車

◆大腰

◆大外刈り

◆上四方固め

◆本けさ固め

## 3 柔道の勝ち負け

投げ技や固め技で一本をとったほうが勝者となる。技ありを2**回**とったときも一本となる。

**得点アップ!** 柔道にはいろいろな技がある。なかには似た動きのものも多いので，混同しないようにしよう。

## 4 剣道の基本動作 ★

送り足でさまざまな方向に移動する。歩み足は遠い間合から速く移動するときに使う。つぎ足は，遠くの間合いから大きく踏み込んで打つための移動方法。

中段の構えでは，竹刀の先が相手ののどの高さにくるように構える。

## 5 剣道の技

- **面打ち**…大きく踏み込み，正面を打つ。
- **左右面打ち**…斜め45**度**の角度から面を打つ。
- **小手打ち**…相手の右小手を打つ。
- **胴打ち**…相手の右胴を打つ。
- **連続技**…相手の**右小手**を打ち，相手が手元を下げたらすぐに**面**を打つ「小手→面」や，**面**を打ってすぐに竹刀を返して**右胴**を打つ「面→胴」などがある。

◆面打ち

◆小手打ち

## 6 剣道の勝ち負け

試合で勝ちとなるのは，３本勝負で2**本**を先取したとき，どちらか一方のみが1**本**をとったまま時間が終了したとき，延長戦で１本先取したとき。

試合は通常，主審が１名，副審が２名で行われる。１本となるのは，2**名以上**が有効と認めたときか，1**名**が有効と認めて残りの２名が棄権をしたとき。

**テストでは**

- □① 柔道で，投げ技をかける前に相手の体を不安定な状態にすることを何というか。
- □② 柔道で，背中がたたみにつく前に頭部を前に曲げ，両腕でたたみをたたく受け身を何というか。
- □③ 剣道で，中段の構えでは，竹刀の先が相手のどこにくるように構えるか。

**解答**

①くずし
②後ろ受け身
③のど

〔　月　日〕

# 9 ダンス

## 1 創作ダンスの基本的な動き

イメージをとらえ，からだを使って自由に表現するダンスを創作ダンスという。

動きを組み合わせることで豊かな表現が可能となる。やさしい動きをリズムをつけて表現したいときは，とんだり，転がったりする。

## 2 創作ダンスの表現方法

表現したいイメージは，下のような動きで表すことができる。

①　②　③　④

上の図は２人以上の表現で用いられる技術。①は**同じ動きを同時にする**ユニゾン。②は左右で同じ動きをするシンメトリー(対称)。③は**同じ動きを，輪唱のようにずらして行う**カノン。④は左右でことなる動きをするアシンメトリー(非対称)という。

- 高低や強弱などをつけることで，動きの変化を表すことができる。また，ゆっくりした動きとすばやい動きを明確にすることでテンポをもたせたり，反復(同じ動きをくり返す)したりすることも重要。
- ２人以上でダンスをする場合は，動きをシンメトリー(対称)やアシンメトリー(非対称)にしたり，ある動作を同時に行ったり，逆にずらしたりする方法もある。
- 多人数の集団でダンスをするときも，同時あるいは少しずつずらして動きを見せる方法は有効。
- 表現の元となるものには，音楽や絵画，物語などがある。それぞれから思い浮かんだイメージを表す方法を考えていく。その際，表現したいことを印象づけるためにクライマックスをもたせる。

**得点アップ!** フォークダンスのポジションは，パートナーの立ち位置と手の位置をしっかり頭に入れておこう。

## 3 フォークダンスの基本的な動き

ＬＯＤ(ラインオブダンス)は，反時計回りに，逆ＬＯＤは時計回りに動くこと。

## 4 フォークダンスのフォーメーション

フォークダンスのフォーメーションには，下のような種類がある。

①はシングルサークル，②はダブルサークル，③はトリプルサークル，④は方形(スクエア)という。

○は男子，●は女子

| ① | ② | ③ | ④ |
|---|---|---|---|

## 5 フォークダンスのポジション

フォークダンスのポジションには，下のような種類がある。

①はショルダーウエストポジション，②はプロムナードポジション，③はクローズドポジション，④はバルソビアナポジションという。

①
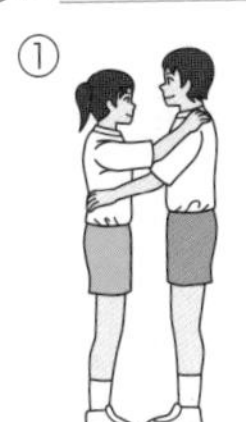
②

③

④

**テストでは**

□① 創作ダンスで，表現したいことを印象づけるために何をもたせるとよいか。

□② フォークダンスで，反時計回りの動きを何というか。

□③ フォークダンスで，女性が男性の肩に両手を乗せるポジションを何というか。

**解答**

①クライマックス
②ＬＯＤ
③ショルダーウエストポジション

〔　月　日〕

# 10 運動と体や心の働き

## 1 運動やスポーツの効果

①**体への効果**…**運動やスポーツ**を適切に行うと，**体の発達や機能**，体力や運動技能の維持（いじ）や向上に効果をもたらす。

体力には，「**健康に生活するための体力**」と「**運動やスポーツを行うための体力**」とがある。体力は，①巧（たく）みさ（**動作の習得・敏（びん）しょう性**）－**脳や神経**に関与（かんよ），②力強さ（**筋力**）－**筋肉・骨**に関与，③粘（ねば）り強さ（持久力）－**呼吸器・循環器**（じゅんかん）に関与，などによって成り立っている。また，運動やスポーツと適切な食生活を関連させることで，**肥満**を防ぐ効果も期待することができる。

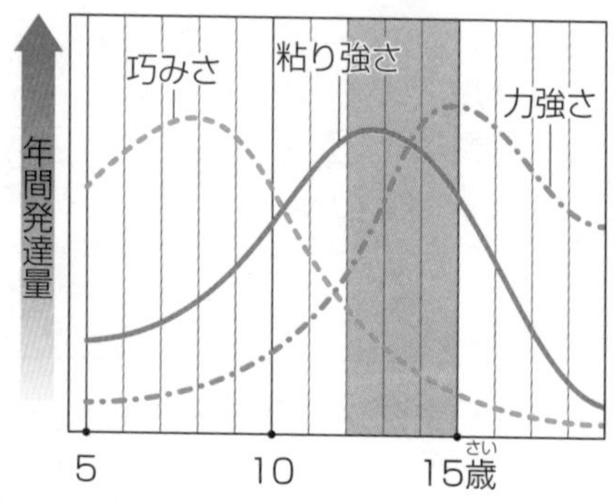


②**心への効果**…**運動やスポーツ**は，ストレスを解消したり，心をリラックスさせる効果もある。

また，試合などでは緊張感（きんちょう）を克服（こくふく）したり，勝負の喜び，悔（くや）しさと向き合い，感情を受け止める場面がある。こうした経験を通して，自信や達成感が得られる。

③**社会性への効果**…**運動やスポーツ**は性別や年齢（ねんれい），障がいの有無などの違（ちが）いを超（こ）えて，さまざまな人とかかわりあって行われる。そのため，ルールやマナーに対する合意などが形成され，社会性の発達につながる。

・ルール…**公正**，**公平**，**平等**にスポーツを行うため，参加者が同じ条件で競うことができるように定められるもの。

・マナー…スポーツの参加者が個人で自発的に守るもので，ペナルティはないが，**相手を気遣うマナー**が求められる。

**得点アップ!** 運動やスポーツがもたらす効果や，スポーツの文化的意義を整理しておこう。

## 2 運動やスポーツの安全な行い方

スポーツの特性を理解し，**運動やスポーツ**を安全に行うことが求められる。スポーツを行う際は，自身の**発達の段階に応じた**強度・時間・頻度に配慮(はいりょ)した練習計画を立てる。

**①運動前**

- 体調に注意し，健康状態を確認する。
- 準備運動をする。
- **施設や用具**の安全を確認する。

**②運動中**…適度な水分補給や，休憩(きゅうけい)を行う。

**③運動後**…整理運動をする。

**④野外での運動の場合**…自然に対する知識をつける。**天候の変化**などには十分気をつける。

## 3 スポーツの文化的意義

日本では**国**が定めた**スポーツ**に関する**法律**,「スポーツ基本法」で，スポーツの文化的意義などが定義されている。

世界ではユネスコ(国連教育科学文化機関)が,『体育・身体活動・スポーツに関する国際憲章』をまとめている。

オリンピック・パラリンピックに代表される国際的なスポーツ大会は，**世界中の人々が集まる**ことで，国際親善の機会や，世界平和への貢献(こうけん)も期待されている。また，パラリンピックには**共生社会**の実現という目的もある。

**テストでは**

□① 筋肉や骨に関与する体力を何というか。
□② スポーツにおいて，ペナルティはないが，相手を気遣う行為(こうい)とは何か。
□③ 運動後に行う運動を何というか。

**解答**

①力強さ(筋力)
②マナー
③整理運動

保健体育 体育分野

# 11 新体力テスト

## 1 体力の測定と新体力テストの項目

8項目(⑤と⑥はいずれか1つを選択)で構成される**新体力テスト**により測定する。

①
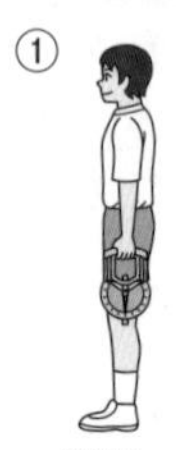
②

③

④

①**握力**(あくりょく)…直立の姿勢になり，両足を自然な幅に開く。握力計で左右の握力の平均を記録とする。

②**上体起こし**…あお向けの姿勢で，胸の前で両腕を交差させ，両ひざの角度を 90 **度**にする。「始め」の合図で両肘(ひじ)が両大たい部に着くまで上体を起こし，すばやく元の姿勢にもどす。30 **秒間**で両大たい部に着いた回数を記録とする。

③**長座体前屈**…壁にしりをつけて座り，両足を箱に入れる。両手で箱を前におし，箱の移動距離(きょり)を記録とする。

④**反復横とび**…中央の線をまたいだ状態から，「始め」の合図で右の線に移り，次に中央の線へ戻り，左の線へとサイドステップを行う。線を越えるごとに1点とし，20 **秒間**で獲得(かくとく)した点数を記録とする。

⑤**持久走**…男子は 1500 **m**，女子は 1000 **m** を走ってタイムを測定。

⑥
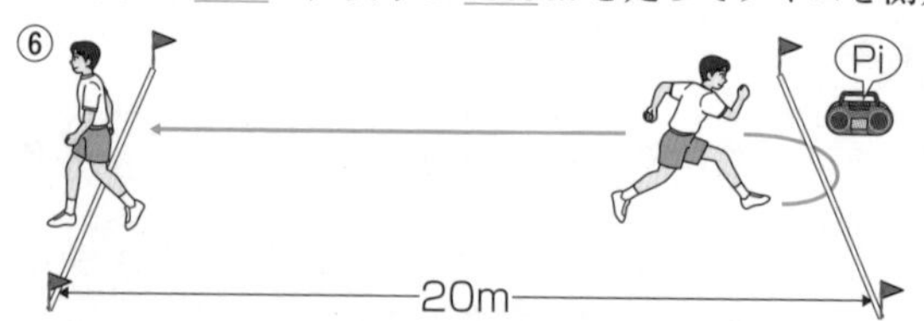


⑥ **20 m シャトルラン**…電子音の合図で 20 **m** の間を往復する。折り返しできた総回数を記録とする。

**得点アップ!** それぞれのテストの項目とルール，測定される体力を整理しておこう。

⑦ **50 m 走**…クラウチングスタートで行う。

⑧**立ち幅とび**…つま先が踏(ふ)み切り線の前端にそろうように立ち両足で踏み切る。踏み切り線前端から一番近い跡(あと)までの距離を記録とする。

⑨**ハンドボール投げ**…直径2mのサークル内から投げ，投げ終わったら静止してからサークル外に出る。

## 2 テストの項目と測定する体力のまとめ

| テストの項目 | 測定する体力 |
|---|---|
| ①握力 | 筋力 |
| ②上体起こし | 筋力・筋持久力 |
| ③長座体前屈 | 柔軟性 |
| ④反復横とび | 敏しょう性 |
| ⑤持久走 | 全身持久力 |
| ⑥20 m シャトルラン | 全身持久力 |
| ⑦50 m 走 | スピード |
| ⑧立ち幅とび | 瞬発力(筋パワー) |
| ⑨ハンドボール投げ | 巧ち性･瞬発力(筋パワー) |

**テストでは**

□① 新体力テストで，いずれか1つを選択することになっているのは持久走と何か。

□② ハンドボール投げのサークルは直径何 m か。

□③ 立ち幅とびで測定する体力は何か。

**解答**

①20 m シャトルラン
②2 m
③瞬発力(筋パワー)

〔　月　日〕

# 12 集団行動

## 1 基本動作

集団行動の基本動作は，「気をつけ」と「休め」である。

- **気をつけ**…背筋を伸(の)ばして両足のかかとをつけ，つま先を 45 ～ 60 度開いた姿勢。
- **休め**…左足を斜(なな)め前に出す方法と，左足を横に開いて両手を後ろで組む方法がある。
- 「腰をおろせ」の姿勢は，両ひざを立て，そのひざを両手で抱(かか)え込(こ)むようにして座った状態。

## 2 方向変換(へんかん)

集団行動で方向変換をする場合には，「右向け…右」と「回れ…右」の方法(号令)がある。

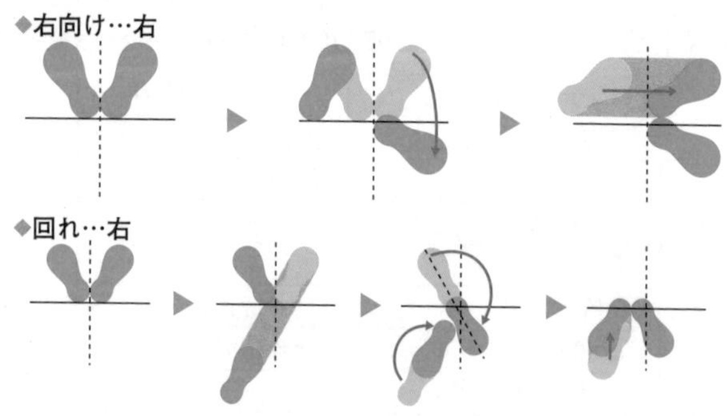


- **「右向け－右」**…「気をつけ」の姿勢から右足のかかとと左足のつま先を軸として右へ 90 度回転。そのあと，左足を右足に引きつける動作を行う。
- **「回れ－右」**…「気をつけ」の姿勢から右足を左足の後ろに引き，左足のかかとと右足のつま先を軸(じく)にして右へ 180 度回転し，右足を左足に引きつける動作を行う。
- 「右向け－右」と「回れ－右」は，同じように右に回るが動作の数が違(ちが)う。「右向け－右」は 1 動作で 90 度方向を変えてもよい。

それぞれの動作を頭の中でイメージすると覚えやすい。頭の中で再現できれば，答えるのはそれほど難しくない。

## 3 行　進

**行進**をするときは，「前へ」の号令で「気をつけ」をして，「進め」の号令があったら左**足**から踏み出す。

行進の途中で止まるときは，「全体…止まれ」の号令の後に1**歩**進み，2**歩**目を1歩目に引き寄せて止まる。

走るときは，「かけ足」の号令で，軽くにぎったこぶしを腰の高さにもってきて「進め」の号令で左**足**から走り始める。

かけ足の途中で止まるときは，「全体」の号令がかかるとともにかけ足から足踏みに替え，「止まれ」の号令で2回足踏みをして止まる。

## 4 隊　列★

集合してから，縦に長く並ぶ隊列を縦隊といい，横に広がって並ぶ隊列を横隊という。

ある隊形から，縦や横に広がって間隔をとることを開列という。

下の図は，**2列横隊**と**3列縦隊**を表したもの。2列横隊から3列縦隊をつくる場合には，向きを右に変えてから②の人が移動していく。下の図では，前列の②の人が右ななめ前に移動し，後列の②の人が左ななめ後ろに移動する。号令は「3列，右向け…右」。

◆**2列横隊→3列縦隊**

**テストでは**

□① 背筋を伸ばして両足のかかとをつけ，つま先を45～60度開いた姿勢を何というか。

□② 気をつけから180度回転する動作は何か。

□③ ある隊形から，縦や横に広がって間隔をとることを何というか。

**解答**

①気をつけ
②回れ－右
③開列

〔　月　日〕

# 13 体の発育・発達 ①

## 1 体の発育と発達

体の大きさが増すことを発育といい，体の働きが高まることを発達という。また，体が大きく発育する時期を発育急進期という。この時期は，生まれてから成人するまでに2度訪れる。1度目が乳児期で，2度目が思春期である。

## 2 各器官の発育

下のグラフは，体の各器官の発育の仕方を表している。

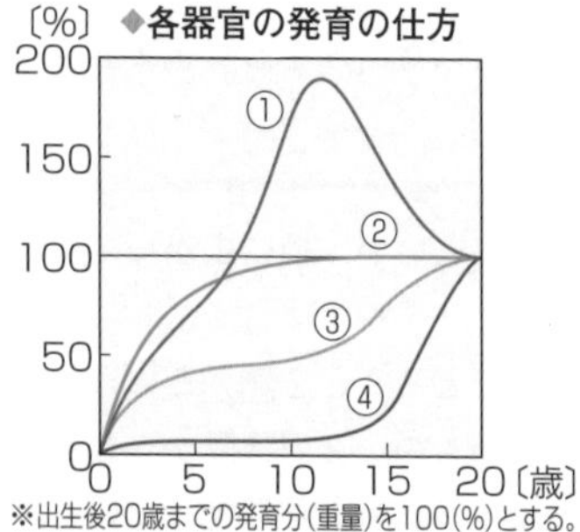

※出生後20歳までの発育分(重量)を100(%)とする。

それぞれの発育の型と，発育する器官は，下のようになっている。

①胸線(きょうせん)，へんとうなど(**リンパ型**)

②脳，脊髄(せきずい)など(**神経型**)

③骨，心臓(しんぞう)，肺など(**一般型**)

④精巣(せいそう)，卵巣(らんそう)など(**生殖腺(せいしょくせん)型**)

## 3 呼吸機能の発達

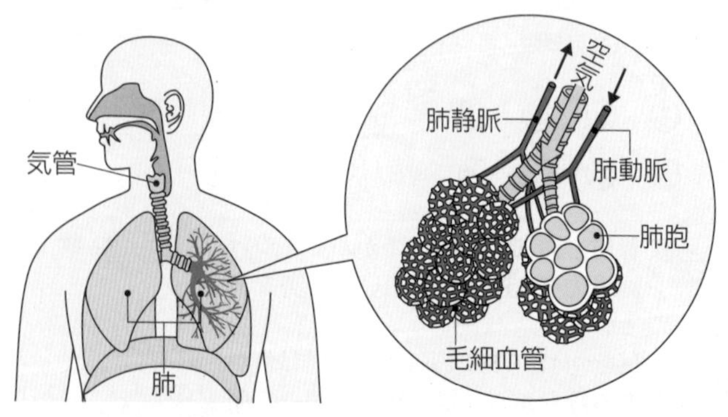


呼吸器は，**鼻**，**のど**，**気管**，**気管支**，**肺**などから構成されている。

体の機能と器官を知るとともに，それらが発育とともにどう変わっていくのかをおさえておこう。

肺の中には毛細血管におおわれた肺胞(はいほう)がたくさんあり，肺胞と毛細血管の間で二酸化炭素と酸素を交換(こうかん)する。この交換を**ガス交換**という。

空気を吸い込(こ)んだあと，出来るかぎり多くはき出した空気の量を肺活量といい，この量は体の発育とともに増える。1回の呼吸量が増えるため，呼吸数は逆に少なくなる。

## 4 循環(じゅんかん)機能の発達 ★

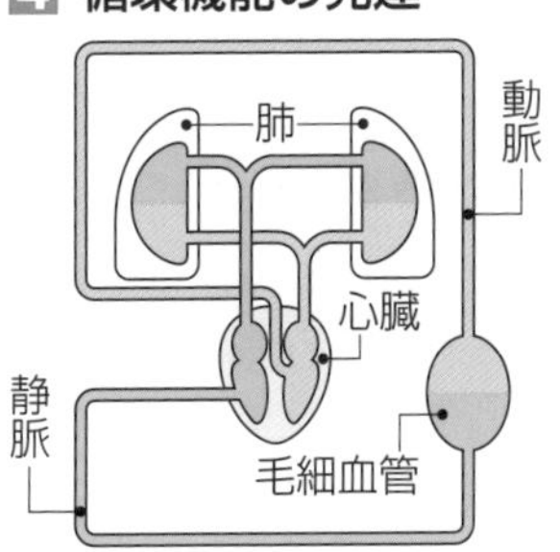


循環器は，**心臓**，**動脈**，**静脈**，**毛細血管**などから構成される。

血液は，心臓によって全身に送り出される。この心臓の収縮によって送り出される血液の量を拍出量(はくしゅつ)という。

血液を全身に送るということには，下のような働きがある。

①**酸素**を全身に運ぶ。

②**二酸化炭素**を肺に運ぶ。

③**栄養**物質を全身に運ぶ。

④不要な物質を**じん臓**に運ぶ。

循環機能の発達は，脈拍数と拍出量により知ることができる。体が発育するにしたがって，脈拍数は少なくなり，拍出量は増える。

**テストでは**

□① 体が急に発育する時期を何というか。

□② 肺胞と毛細血管の間では何と何が交換されるか。

□③ 心臓の収縮によって送り出される血液の量を何というか。

**解 答**

①発育急進期

②二酸化炭素と酸素

③拍出量

〔　月　日〕

# 体の発育・発達 ②

## 1 体の変化

思春期には，脳の下垂体から性腺刺激ホルモンが分泌されることによって，性腺の発育・発達がうながされる。このことによって，体つきなどに違いが見られるようになる。

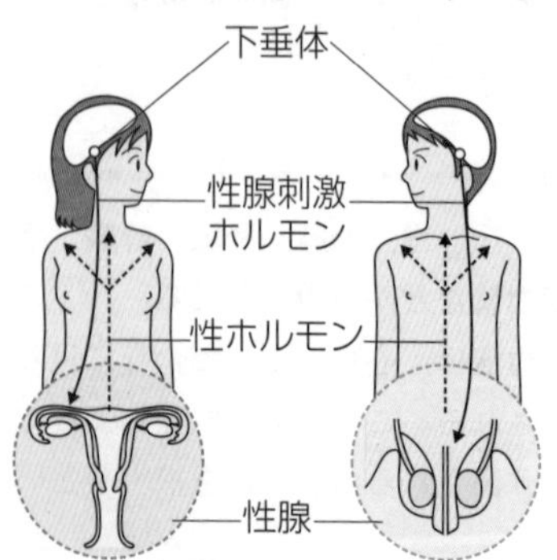


性腺刺激ホルモンが分泌
↓
生殖器（女子は卵巣，男子は精巣）が発達
↓
男女の体つきが変化

女子は卵巣の働きが活発になると**女性ホルモン**が分泌され，卵子が成熟して初経が起こる。初経とは初めての月経のことで，起こる時期には個人差がある。

男子は，精巣の働きが活発になり，**男性ホルモン**が分泌されて精子がつくられると精通が起こる。精通とは初めての射精のことで，こちらも起こる時期には個人差がある。

ホルモンをつくる器官を**内分泌腺**という。

思春期に現れる男女の体つきの違いをまとめると，下のようになる。

| 女　子 | 男　子 |
|---|---|
| 腰はばが広くなる | 肩はばが広くなる |
| 皮下脂肪が増える | 筋肉が増える |
| 乳房が発達する | ひげが生える |
| 排卵・月経が起こる | 射精が起こる |
| 丸みのある体つきになる | たくましい体つきになる |

**得点アップ!** 男女に起こる体つきの違いを整理して，生殖器の仕組みもしっかり頭に入れておこう。

## 2 生殖器(せいしょくき)の仕組み ★

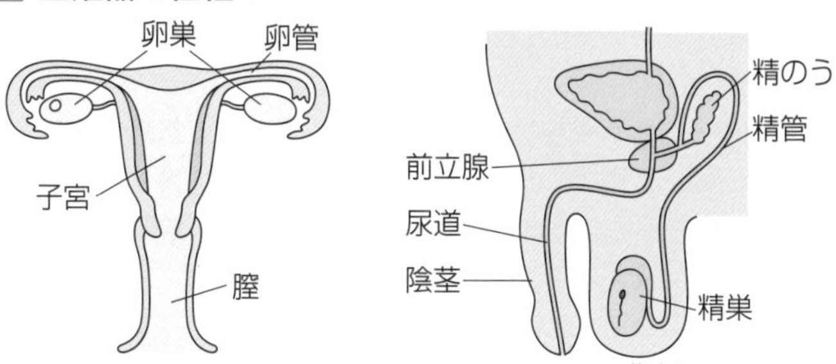


①**排卵の仕組み**…卵巣の中で成熟した卵子が卵管へ排出(はいしゅつ)される。その後，卵子は子宮(しきゅう)に運ばれる。

②**月経**…女性の子宮内膜(ないまく)の一部がくずれ，血液とともに体外に排出される現象である。

③**射精**…精液が尿道を通って体外へ排出される現象のこと。精液とは，精子と前立腺，精のうから分泌される分泌液が混ざったもの。精巣が成熟すると，１日に数千万の精子がつくられるようになる。また，睡眠中に起こる射精を夢精という。

## 3 受精と妊娠(にんしん)

①**精子と卵子が結合して受精**

②**受精卵が子宮内膜に着床**

③**子宮で胎児(たいじ)が育つ**

女性の**子宮内膜**に受精卵が**着床**(ちゃくしょう)すると妊娠が成立する。

**テストでは**

□① 思春期には，脳の下垂体から何が分泌されるか。

□② 男子は，精巣の働きが活発になり，男性ホルモンが分泌されて精子がつくられると何が起こるか。

□③ 月経は，女性の子宮内膜の一部がくずれ，何とともに体外に排出される現象か。

**解答**

①性腺刺激ホルモン

②精通

③血液

**保健体育** 保健分野

〔　月　日〕

# 15 心の発達

## 1 心の働き ★

①知的機能…言葉を使う，理解する，記憶する，考える，判断するといった能力。

②情意機能…感情や意志などの，心の働き。**感情**は喜怒哀楽（きどあいらく），**意志**は自分で行動や目標を決め，そのために努力する心の働き。

心の働きを営む器官は大脳である。思春期には，**前頭葉**の**前頭前野**の発達が完成する。

③社会性…社会生活を営むために必要な，人とかかわって行動する能力。年齢（ねんれい）が上がるにつれて人間関係が広がり，多くの人とかかわる経験の中で発達していく。

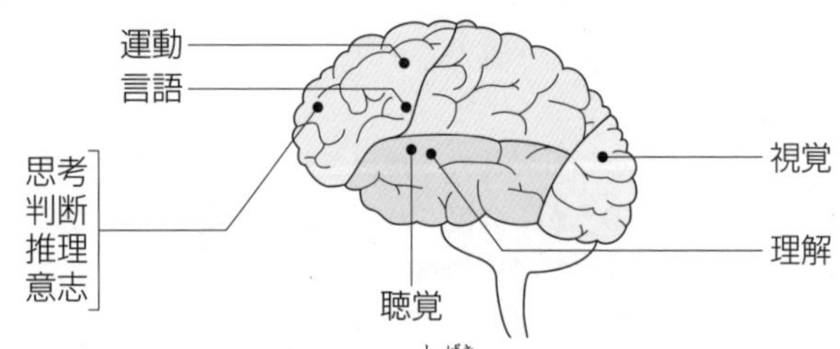


・経験や学習をすることで大脳が刺激（しげき）され，発達する。それにともなって，心の働きも発達する。

逆にいうと，大脳は刺激がなければ発達しない。

## 2 自己形成

中学生期の心の発達の特徴（とくちょう）には，自立しようとする心と自分を見つめる心がある。

①**自立しようとする心**…親や大人に保護されていた状態から抜（ぬ）け出そうとする。

②**自分を見つめる心**…自分というものを冷静に，客観的に見つめる意識が生じ始める。さまざまな感情や心の揺（ゆ）れを経験するが，**ありのままの自分**を受け入れることが自分らしい生き方をするのに役立つ。

**得点アップ!** 心の働きにどういったものがあるかをおさえ，欲求やストレスへの対処についても答えられるようにしておこう。

## 3 欲求とストレス ★

・欲求とは，何かがほしい，何かがしたいといった気持ちである。生理的欲求と社会的欲求がある。

**①生理的欲求**…生命を維持(いじ)するための欲求。飲食・睡眠(すいみん)など。

**②社会的欲求**…社会生活を営む中で生まれる欲求。所属・自己実現など。

・欲求不満とは，欲求が満たされない状態である。欲求不満への対処にはいくつかの方法がある。

**①実現に向けて努力する。**

**②場合によってはがまんする。**

**③気持ちを切り替える。** など。

・ストレスとは，周りからの刺激(しげき)により心身に負担がかかった状態である。ストレスの原因となる周囲からの刺激をストレッサーという。ストレスへの対処には，いくつかの方法がある。

**①相談できる人をもつ。**

**②別のこと(趣味など)を行って気分転換をする。**

**③心身をリラックスさせる。** など。

## 4 心身の調和と健康

心と体は関係し合っている。これは，大脳や体の各器官が神経やホルモンでつながり，影響(えいきょう)されていることによる。

欲求不満やストレスに適応・対処できないと眠れなくなるなどの症状が起こる。適切に対処して，心身の健康を保つことが重要である。

**テストでは**

□① 言葉を使う，記憶する，理解する，考える，判断するといった能力を何というか。

□② 生命を維持するための欲求を何というか。

□③ 周りからの刺激により心身に負担がかかった状態を何というか。

**解答**

①知的機能

②生理的欲求

③ストレス

保健体育 保健分野

〔　月　日〕

# 16 健康と環境

## 1 環境の変化と適応 ★

**適応**とは，変化した環境に，体の諸器官をその変化に合わせ調整し，対応すること。また，体のもつこの働きを適応能力という。

・暑いときには，「皮膚近くの血管が広がる」「汗が出る」「筋肉がゆるむ」といった変化が起こるため，「熱を逃がす」「熱の発生をおさえる」といった働きが起こる。

・寒いときには，「皮膚近くの血管が縮む」「筋肉が緊張する」「体がふるえる」といった変化が起こるため，「熱を逃がさない」「熱の発生を高める」といった働きが起こる。

・ただし，こういった適応能力にも限界があり，暑いと熱中症にかかり，寒いと低体温症になることもある。また，有害な化学物質が原因となっているものには対応できない。

## 2 環境と調節

①**暑さと寒さの調節**…暑さと寒さの感じ方には，気温・湿度・気流が関係している。

活動するのに最も適した温度の範囲を，至適温度(範囲)という。温度は，17〜28 ℃，湿度が 30〜80 %，気流が毎秒 0.5 m 以下がそれぞれ望ましい範囲である。

②**明るさの調節**…自然の光によって明るさを得たり，照明を利用したりして，適切な明るさを保つ。

③**空気をきれいに保つ**…換気をこまめにすることが必要。

・**二酸化炭素**…人間の呼吸や物質の燃焼により発生する。二酸化炭素の濃度は，空気のよごれを知るための指標となる。二酸化炭素の濃度が高くなり，酸素が不足すると**頭痛**や**めまい**が起こる。

・**一酸化炭素**…物質が不完全燃焼したときに発生する。大気汚染の原因となり，毒性が強い物質。体内に一酸化炭素が入ると酸素欠乏状態となり，この状態を一酸化炭素中毒という。

**得点アップ!** ある環境の変化に対して，体にはどのような変化が起こり，どう対応しようとするのかを整理しておこう。

## 3 環境の利用と保全 ★

①**水の利用と確保**…人間は体重の 50 %以上が水分で，1 日に必要とする水分量は2～2.5 L とされている。水は，私たちの生活になくてはならないもので，生活用水，公共用水，産業用水の 3 つに分けられる。上水道の水は，水道法に定められた水質基準を満たすために，**浄水場で取水**→沈でん→**ろ過**→塩素**消毒**→**給水**という流れで供給される。

②**生活排水の処理**…生活排水は，トイレから出されるし尿と生活雑排水を含んだ水のことで，し尿は，下水処理場か浄化槽で処理される。生活雑排水とし尿をいっしょに処理できる浄化槽を合併処理**浄化槽**という。

③**ごみの処理**…ごみの処理が適切に行われないと，有害な物質で自然環境が汚染され，人々の健康に悪影響を及ぼすことがある。循環型社会の実現のため，3R(リデュース，リユース，リサイクル)の実行が推進されている。

④**環境汚染**…産業が発達した影響などで環境が汚染されることを公害という。日本でも過去に公害が発生し，多くの人々に健康被害が生じた。現在では，環境汚染を防ぐための環境基本法という**法律**が定められている。

- **大気汚染**，**水質汚濁**，**土壌汚染**などがある。
- **地球温暖化**…主な原因物質は二酸化炭素といわれ，海面上昇や砂漠化，**氷河の減少**などの変化をもたらす。

**テストでは**

□① 体の諸器官を環境の変化に合わせ調節することを何というか。

□② 体内に一酸化炭素が入ることで生じる酸素欠乏状態を何というか。

□③ 上水道の水は，水道法に定められた何を満たしているか。

**解答**

①適応
②一酸化炭素中毒
③水質基準

# 17 傷害と交通事故

## 1 傷害の原因と防止 ★

10～14歳の事故の死亡原因の第3位が**事故死**である。その中では，交通事故と水死が多くなっている。

傷害の発生する原因は，人的要因と環境要因に分けられる。

①**人的要因**…人の行動や心身**の状態**などによる原因。危険な行動をとったり，心身の状態が不安定だったりすることが傷害につながることがある。

②**環境要因**…物の状態や場所，気象条件などによる原因。危険な物を扱ったり，危険な場所に行ったり，悪天候などといった条件が傷害につながることがある。

・したがって，傷害を防止するには，上の2つの要因への対策が必要となる。

①**人的要因への対策**…危険な状態についての知識をもつとともに，状況への適切な判断**能力**を身につける。つまり，安全な行動をとり，睡眠や休養を十分にとることで心身の状態を安定したものにしておくことが重要となる。

②**環境要因への対策**…危険な物や危険な場所の点検・整備・改善などを実施することが必要。

## 2 交通事故の原因 ★★

中学生期の交通事故は，自転車乗用中の事故が最も多い。年齢が上がると，オートバイや自動車運転中の事故が最も多くなり，高齢者では歩行中の事故が多くなる。年代によって特徴が異なる。

・**自転車乗用中**に起こる事故の原因としては，安全不確認，一時不停止，信号無視といった，自己の能力を過信したり，勝手で不適切な行動をとったりすることが関係している。

交通事故の発生する原因は，**人的要因**，**環境要因**，**車両要因**に分けられる。

**得点アップ!** 傷害，交通事故ごとに，それぞれの原因と対策をおさえておこう。

①**人的要因**…危険な行動(信号無視，飛び出しなど)，心身の不安定な状態(睡眠不足など)，危険察知能力の不足，規則を守ろうとする態度の欠如など。

②**環境要因**…道路状況(道幅がせまい，見通しが悪いなど)，交通安全施設の不備(信号機や道路標識がないなど)，気象上の悪条件(雨や雪)など。

③**車両要因**…ブレーキが効かない，ヘッドライトがつかないなどの車両の欠陥や整備不良など。

## 3 交通事故の防止 *

①**人的要因への対策**…交通規則やマナーを守り，安全な行動(危険察知能力を養う)をとる。

②**環境要因への対策**…安全な交通環境づくり。交通安全施設を整備し，交通規制(駐停車禁止，一方通行など)を実施する。

③**車両要因への対策**…車両の点検や整備を徹底し，車両の特性をよく理解しておく。

車両の特性としては，内輪差や死角があることなどがあげられる。

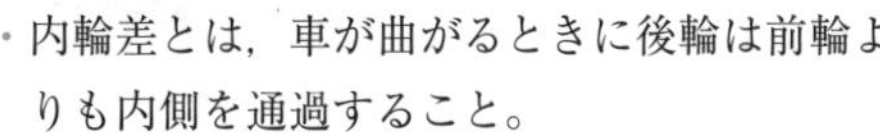


・内輪差とは，車が曲がるときに後輪は前輪よりも内側を通過すること。

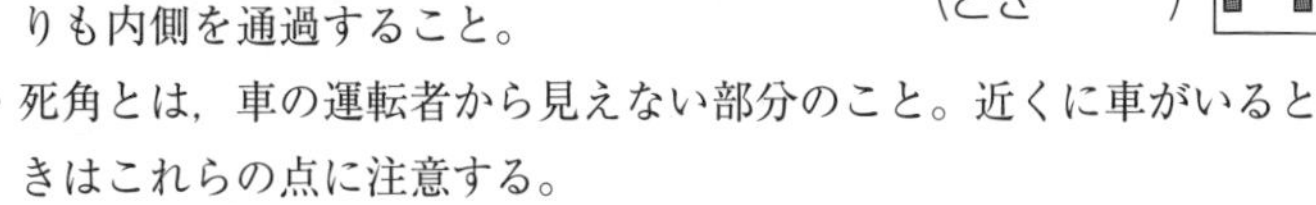

・死角とは，車の運転者から見えない部分のこと。近くに車がいるときはこれらの点に注意する。

**テストでは**

□① 傷害の原因は，人的要因と何に分けられるか。

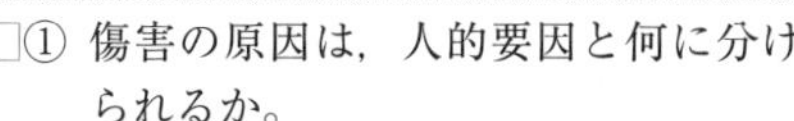

□② 中学生期の交通事故は，どういったときに起こることが最も多いか。

□③ 大雪で交通事故が発生した場合の原因は何要因か。

**解答**

①環境要因
②自転車乗用中
③環境要因

〔　月　日〕

# 18 応急手当

## 1 応急手当の意義

けがや病人が発生したとき，近くにいた人が一時的に行う手当のことを応急手当という。

・応急手当の目的は，傷病の悪化を防ぐこと，傷病者の苦痛や不安を和らげること，治療の効果を高めることなどである。

## 2 応急手当の手順 ★★

①**意識の有無を確認・救命に向けて**…傷病者に声をかけて肩を数回たたく。（このとき，体を乱暴に揺すってはいけない。）反応がないときは，119番通報し，**協力者**を求める。

そして，傷病者をあお向けに寝かせ，下あごをおし上げるようにして頭を後ろにかたむけて気道を確保する。

②**呼吸の有無の確認**…呼吸をしているかどうかを確認し，していない場合は心肺蘇生（胸骨圧迫）を行う。

胸骨圧迫では，胸骨の上から心臓を圧迫し，人工的に血液を循環させる。こうすることで脳や心臓の筋肉に酸素を送ることができる。

人工呼吸を行うときは，気道の確保後，片手で傷病者の鼻をつまみ，もう一方の手で口を開けさせる。胸のふくらみを見ながら連続2**回**，傷病者の口から息をふきこむ。

◆**気道の確保**

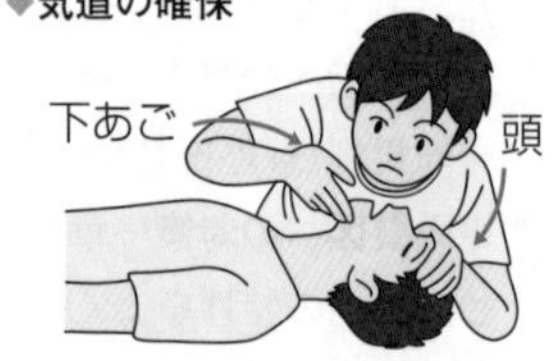


◆**人工呼吸**

③**出血の有無の確認**…出血があるかどうかを確認し，あれば止血を行う。ただし，多量の出血がある場合は，他の手当よりも止血を優先する。

応急手当の際に確認する順番をおさえ，手当の内容や方法を頭に入れておこう。

## 3 傷の手当

傷の手当の基本は，①出血を止める，②細菌感染を防ぐ，③痛みを和らげるの３つ。

## 4 止血法★

直接圧迫止血法…ガーゼや布を傷口に直接当てて，その上を手でおさえて圧迫する。血液からの感染を防止するために，ビニール袋や手袋をはめて行う。その後，ガーゼや布の上から包帯を少しきつめに巻く。

## 5 包帯法

患部の保護や止血，固定が主な目的。

①**巻き包帯**…腕やひざ，指などの患部に用いる。部位によって包帯の巻き方を変える。

②**三角巾**…ねんざやだっきゅうの場合に用いる。

## 6 固定法

骨折した部分や関節を動かさないようにするための方法。

①**骨折**…骨が折れたり，ひびが入ったりした状態。上下の関節を固定具(そえ木や副木)で固定する。

②**だっきゅう**…関節がはずれた状態。安静にして，患部を包帯や三角きんで固定する。

③**ねんざ**…関節がはずれかかり，もとにもどった状態。ただちに患部を冷やす(冷湿布をする)。その後，三角巾で固定する。

**テストでは**

□① 傷口に直接ガーゼや布をあてて，出血を止める止血法を何というか。

□② 骨折したときにそえる木などのことを何というか。

□③ ねんざした場合は，ただちに患部をどうする必要があるか。

**解答**

①直接圧迫止血法

②固定具

③冷やす(冷湿布をする)

保健体育 保健分野

〔　月　日〕

# 19 健康な生活

## 1 現代の生活と健康

第二次世界大戦後しばらくは，**結核**や**肺炎**などの**感染症**が死因の上位を占めていたが，現代では，がんや心臓病，脳卒中といった生活習慣病が上位を占めるようになった。

私たちが健康であったり病気であったりするのは，主体(の要因)と環境(の要因)が関係している。

①**主体(の要因)**…自分自身の問題(体質，年齢，抵抗力などの素因と，食事，運動，休養などの生活習慣・行動)。

②**環境(の要因)**…周囲の環境の問題(社会的環境，物理的･化学的環境，生物学的環境など)。

・健康状態は日常における生活習慣と密接に関係しているため，生活習慣を見直し改善することで，病気の発症を予防することができる。

・脂肪や塩分の過剰摂取，運動不足，喫煙や多量の飲酒，睡眠不足といった，生活習慣病にかかわりの深い生活上の問題点は，高血圧などにつながるおそれがある。

## 2 運動と健康

運動の効果としては，下の点があげられる。

**①体の各器官の発達　②精神的なストレスの減少**

運動不足は，肥満や高血圧，糖尿病といった**生活習慣病**の原因となっている。

健康づくりのための運動においては，次の条件を満たすことが重要である。

**①安全であること。　②効果があること。　③楽しいこと。**

生涯にわたって健康を保持するには，年齢などに応じた**運動習慣**を身につける。中学生の時期は，**持久力**や**筋力**が大きく発達するため，これらの力を高める運動を行うのがよい。

得点アップ！ 生活習慣病を引き起こす原因とその対処を，その過程と合わせて頭に入れておこう。

## 3 食生活と健康 ★

生命を維持するために必要な最小限の**エネルギー**消費量を，基礎代謝量という。

エネルギーを得るための食事においては，健康のためにバランスよく栄養素をとることが必要。栄養素には，たんぱく質やカルシウム，ビタミン，脂肪などさまざまな種類がある。栄養素が不足すると，貧血や体力低下，皮膚病などを引き起こす可能性がある。

食生活では，毎日規則正しく食事をとるようにする。

## 4 休養と健康 ★

体にたまった疲労は，睡眠などの休養をとることで回復する。疲労の現れ方は個人によっても異なる。

- 気分の不調(不安定感)：いらいらする，集中できない，考えがまとまらないなどの症状が表れる。
- その他の疲労の現れ方：体がだるい，眠気が強くなる，めまいがする，目がかすむなどの症状が表れる。
- 休息をとらずに学習や運動などを続けると，疲労が蓄積されていき，**集中力**や**抵抗力**が低下する。その結果，感染症などの病気にかかりやすくなる。
- 睡眠は，疲労を回復させる働きがあるほか，体の抵抗力を高めるなど，健康や発育の面からも重要な役割を果たすものである。

保健体育 保健分野

**テストでは**

□① 現代の死因の上位を占める，がんや心臓病，脳卒中などの病気を何というか。

□② 生命を維持するのに最小限必要なエネルギー消費量を何というか。

□③ 疲労が蓄積すると，何が低下するか。

**解答**

①生活習慣病
②基礎代謝量
③集中力や抵抗力

〔　月　日〕

# 20 生活習慣病と健康に生きる社会

## 1 生活習慣病

**生活習慣病**とは，心身に負担となる生活習慣が発症(はっしょう)や進行に関係する病気のことである。日本人の３大死因であるがん，心臓病，脳卒中(のうそっちゅう)は生活習慣病と関係が深い。下は，代表的な循環(じゅんかん)器系の生活習慣病である。

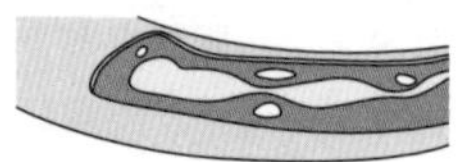

血管がつまっている

①**動脈硬化(どうみゃくこうか)**…コレステロールなどが血管の壁(かべ)にたまり，血管はかたく，もろくなる。

②**心臓病**

・**狭心症(きょうしんしょう)**…心臓の血管がせまくなり，心臓の筋肉が酸素不足になる。

・**心筋梗塞(しんきんこうそく)**…心臓の血管がつまり，その先の心臓の筋肉の一部が死ぬ。

狭心症　心筋梗塞

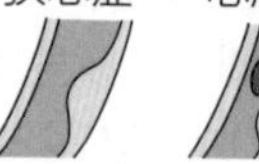

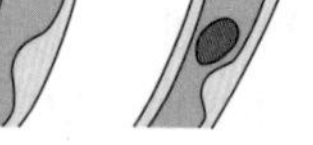

③**脳卒中**

・**脳梗塞(のうこうそく)**…脳の血管がつまり，その先の脳細胞(さいぼう)が死ぬ。

・**脳出血**…脳の血管が破(やぶ)れ，血のかたまりが脳細胞を圧迫(あっぱく)する。

糖尿病やがんについては下のようになる。

①**糖尿病**…血液中のブドウ糖の量が異常に多くなる病気。

②**がん**…正常な細胞が変化してがん細胞となり，増え続ける病気。

## 2 生活習慣病の予防

**生活習慣病**を予防するためには，健康に良い生活習慣を身につけ，継続(けいぞく)していくことが大切。

・適度な運動を続ける。

・栄養をとる。

・適切な体重を保つ。

・休養や睡眠(すいみん)をとり，ストレスをためない。

・喫煙(きつえん)や過度の飲酒をしない。

◆運動　◆栄養　◆休養　◆喫煙や過度の飲酒はしない

健康に生きるために，個人と社会の各役割を整理しよう。その中でも社会はいろいろな組織に分かれているので要注意。

## 3 健康を守るためのしくみ ★

国や地方公共団体は，日本国憲法の**第25条**に基づいて人々の健康を守るための活動をしている。

①**国**…厚生労働省が中心となって活動している。

②**地方公共団体**…市町村保健センターや保健所が中心となっている。

・健康相談や診査など，地域住民の健康を守るための活動。

・スポーツ施設をつくったり，指導者を育成したりするなどの活動。

国際連合の専門機関で，世界の人々の健康を守るための活動をしている組織をＷＨＯ(世界保健機関)という。

## 4 健康的な生活環境

①**ボランティア**…社会的な活動に参加すること。中学生や高校生の間に，この活動が広がっている。

②**バリアフリー**…誰(だれ)も不自由なく生活できるように，生活するうえでの障壁を取り除くこと。この観点から，ユニバーサルデザインに積極的に取り組む必要がある。ユニバーサルデザインとは，**障がい**の有無や**年齢**(ねんれい)，**国籍**(こくせき)にかかわらず，できるかぎり多くの人が気持ちよく使えるように，製品や建築物，空間をデザインすること。

③民間の団体も活動していて，**ＮＧＯ(非政府組織)**や**ＮＰＯ(民間非営利組織)**などがある。

このように，方法や組織はさまざまだが，私たちの健康は世界中の人々が支え合うことで守られている。

**テストでは**

□① 動脈硬化は，何が血管の壁にたまった病気か。

□② 国や地方公共団体は，何に基づいて人々の健康を守る活動をしているか。

□③ 人々の健康を守る活動をしている国際連合の専門機関を何というか。

**解答**

①コレステロール
②日本国憲法
③ WHO(世界保健機関)

保健体育　保健分野

〔　月　日〕

# 21 喫煙・飲酒・薬物乱用と健康

## 1 喫煙の害と健康

たばこの煙に含まれる有害物質は，運動能力や思力を低下させる。

①**ニコチン**…血管を収縮させる。依存性が強く，やめたくてもやめられなくなる。

②**一酸化炭素**…血液が酸素を運ぶ力を低下させ，運動能力を低下させる。

③**タール**…発がん性物質を多く含んでいる。喫煙を続けた場合には，肺がんになりやすくなる。

・たばこの煙には，主流煙と副流煙の２つがある。

①**主流煙**…たばこを吸って，口の中に入る煙。

②**副流煙**…たばこの先（点火部）から出る煙。副流煙のほうが有害物質を多く含んでおり，副流煙などを周囲の人が吸い込むことを受動喫煙（**間接喫煙**）という。

・喫煙を続けることで，**頭痛・めまい・はだあれ・のどの痛み・食欲不振・運動能力の低下**などの症状が表れる。

・**未成年者喫煙禁止法**により，未成年の喫煙は禁止されていて，親や販売業者も処罰の対象となっている。

## 2 飲酒の害と健康

酒の主成分であるアルコール（エチルアルコール）は，肝臓で処理される。体の処理能力の限界を超えた量を飲むと，血中アルコール濃度が上昇し，さまざまな影響が表れる。

・アルコールの摂取によって，体に，次のような影響が見られる。

①**判断力や集中力の低下**…脳や神経の働きが低下することで，自制心や思考力も低下する。

②急性アルコール中毒…短時間に過度のアルコールを摂取することで生じる状態。意識障害や昏睡を引き起こすことがある。最悪の場合，死に至ることもある。

喫煙・飲酒・薬物ともに依存性があるが，それぞれが影響する体の部位や症状は異なるので整理しておこう。

③アルコール依存症…**長期間**に飲酒を続けると，アルコールがなくてはいられない状態になる。

**未成年者飲酒禁止法**により，20 歳未満の飲酒は禁止されていて，親や販売業者も処罰の対象となっている。

## 3 薬物乱用の害と健康

薬物乱用とは，医療品を本来の用途以外の，快感を得る目的などで使用したり，医薬品以外の薬物を不正に使用したりすること。たとえ1回であっても乱用にあたる。

乱用される薬物は，覚せい剤，大麻，**麻薬**，有機溶剤(シンナーなど)などがあり，これらには依存性がある。

薬物依存とは，薬物による禁断症状をおさえるためにくり返し使用すること。禁断症状には，いらいら感や不安感などがある。薬物依存の状態になると，自分の意志でやめることができない。

各薬物の特性や影響は，下のようになっている。

①覚せい剤…一時的に気分が高まり，疲労感がなくなる。乱用を続けると幻覚や妄想が見えるようになり，体がやせ，歯が抜ける。

②大麻…精神が錯乱状態になったり，感覚が異常になったりする。幻覚や妄想が見えるようになり，思考力の低下や性機能の障害，白血球数の減少，気管支炎などの状態や症状を引き起こす。

③シンナー…脳や神経がまひし，乱用を続けると幻覚や妄想が見えるようになり，体がしびれたり，意識障害が起こる。

保健体育 保健分野

**テストでは**

□① 喫煙において，副流煙などを周囲の人が吸い込むことを何というか。

□② アルコールの主成分は何か。

□③ 体がやせたり歯が抜けたりといった状態になるのは，何の薬物を乱用したときか。

**解答**

①受動喫煙(間接喫煙)

②エチルアルコール

③覚せい剤

# 22 感染症の原因と予防

## 1 感染症の原因 ★

**感染症**の原因は，細菌やウイルスなどの病原体である。それらが体の中に侵入して起こる。症状が出ることを発症(発病)といい，感染してから発症するまでの期間を潜伏期間という。感染しても発症するとは限らない。感染症が発生する要因には，**次の条件**がある。

①**主体の条件**…感染者の性や年齢，栄養状態や病原体に対する抵抗力といった体質的なものなど，**個人**に関する要因。

②**環境の条件**…温度や人口密度，交通など，**社会環境**に関係する要因。

## 2 感染症の予防 ★★

感染症を予防するための３原則がある。

①**感染源(発生源)をなくす。**

②**感染経路(病原体が運ばれる経路)をたつ。**

③**体の抵抗力を強める。**

・**感染源**とは，病原体そのものや，病原体をもつ人やもののこと。消毒や滅菌，患者を入院させて治療することなどが対策となる。

・**感染経路**とは，病原体が広がる道すじのこと。手洗いをしてマスクをつけ，飲料水に気をつけるなど**衛生**を管理することが対策となる。

・**抵抗力**とは，病原体に負けない力のこと。**運動**することで体を強くし，栄養と休養をしっかりとることが対策となる。

・免疫は，血液中に抗体をつくって病原体から体を守る働き。

・**予防接種**は，免疫の仕組みを応用したもので，ワクチンを接種することで人工的に抗体をつくる方法である。

病原体の侵入を防ぐための体の抵抗力の仕組みに関しては，下のようになっている。

①**病原体の侵入防止**…せき，たん，皮ふなど。

②**侵入してきた病原体を殺す**…なみだ，だ液，胃液など。

③**病原体の増殖防止**…腸内細菌，白血球，マクロファージなど。

**得点アップ!** 感染症や性感染症にかかる原因や経路をおさえて，次に，それらに対する予防をチェックしておこう。

## 3 性感染症と予防

**性感染症**とは，性的な接触によって感染する病気。性感染症を引き起こす病原体は，下のようなところに潜んでいる。

**①感染者の精液や膣分泌液**

**②血液などの体液や性器**

**③性器や口などの周辺にある皮ふ**

・性感染症を治療しないでおくと，男女ともに不妊の原因になったり，妊娠した場合，赤ちゃんに感染(母子感染)したりすることがある。

・近年の傾向としては，梅毒の感染症が増加していて，若い年代は性器クラミジア感染症の感染率が高くなっている。

・予防としては，「精液や血液などの体液にふれない」「感染のおそれがある性的接触をしない」ことがあげられる。

## 4 エイズ

**エイズ**とは，ＨＩＶというウイルスの感染によって発生する病気。ＨＩＶに感染すると，免疫力が低下し，さまざまな感染症やがんにかかりやすくなる。ＨＩＶに感染し，発症した人をエイズ患者といい，発症していない人をＨＩＶ感染者という。

・ＨＩＶの感染経路は，性的接触，血液感染，母子感染(出産)があり，現在は性的接触からの感染がほとんどを占める。

・ＨＩＶの予防としては，「感染のおそれがある性的接触をしない」「コンドームを正しく使用する」ことがあげられる。

**テストでは**

□① 感染症が発症する要因には，主体の条件他に何があるか。

□② 免疫は，血液中に何をつくって病原体から体を守る働きか。

□③ ＨＩＶに感染し，発症した人を何というか。

**解 答**

①環境

②抗体

③エイズ患者

〔　月　日〕

# 1 絵　画

## 1 スケッチ★

主に単色(黒や茶)で描かれた絵で，絵画表現の**基礎**。対象をよく**観察**して表現する。一般に，鉛筆，ペン，コンテ，毛筆などを用いて描く。

対象の構造や大きさ，長さの**比率**に注意する。最初は大まかにとらえ，次第に細かく描いていく。

鉛筆

ペン

コンテ

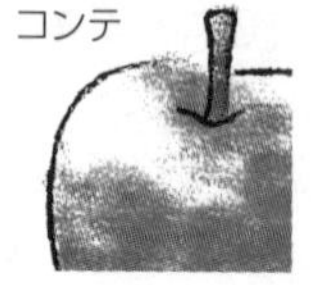

毛筆

①**鉛筆**…太さや濃さが変えられる。

②**ペン**…硬くて細かい線が表現できる。

③**コンテ**…柔らかくて太い線が表現できる。

④**毛筆**…濃淡や太さが変えられる。柔らかい線になる。

◦クロッキー，スケッチはデッサンの一種で，短時間で形を線で表したもの。

## 2 水彩画★

水彩画を描くときの手法には，透明描法と不透明描法がある。

①**透明描法**…水気を多くして絵の具をとき，下の色が透ける描き方。暗い部分は色を重ね，明るい部分はあまり重ねない。

②**不透明描法**…水の量を少なくして絵の具をとき，下の色をかくす描き方。筆のタッチをいかして描く。

◦水彩画に用いる用具には，パレット，筆，筆洗などがある。

①**パレット**…この用具の上で絵の具を出したり混ぜたりする。使う色は，あらかじめ出しておく。

②**筆**…変化のある線が表現できる丸筆や，広い面をぬるのに適している平筆などがある。

③**筆洗**…筆を洗ったり，筆の先に水を含ませたりするための用具。

スケッチ，水彩画，風景画の特徴と使われる道具や方法をおさえておこう。

## 3 風景画

風景は，感情や感動を表現するために，見えるものをそのまま描かず，色や形を**強調してもよい**。風景画の描き方には，空気遠近法や線遠近法などがある。

①**空気遠近法**…遠くのものを淡(あわ)くぼんやりと，近くのものを濃くはっきりと描く方法。

②**線遠近法（透視(とうし)図法）**…線の方向で空間を表現する。

## 4 構図

絵画に遠近法を取り入れると，**立体感や奥行き**を表現できる。その場合に，遠くに続く線が集まっている地平線上の一点を消失点という。

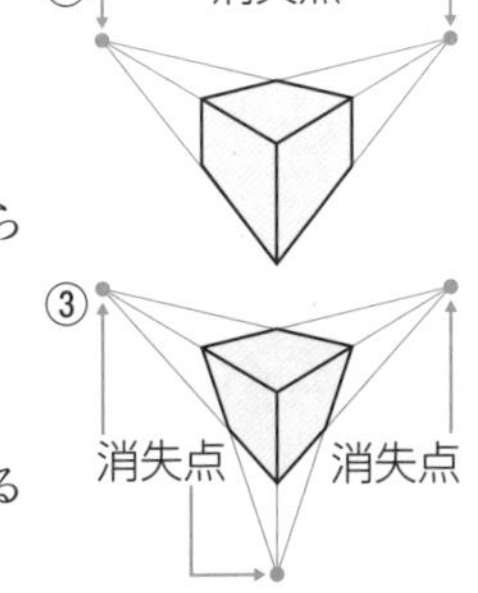


①**一点透視図法**…消失点を１つもつ線遠近法。道などを正面から見通す場合に用いられることが多い。

②**二点透視図法**…消失点を２つもつ線遠近法。建物などを高くない場所で，斜(なな)めの角度から見た際に用いられることが多い。

③**三点透視図法**…消失点を３つもつ線遠近法。対象物の高さを強調したい場合に用いられることが多い。

**テストでは**

□① デッサンの一種で，短時間で形を線で表したものを何というか。
□② 風景画で，遠くのものをぼんやりと近くのものをはっきりと描く方法を何というか。
□③ 道などを正面から見通す場合に用いられる透視図法を何というか。

**解答**

①クロッキー，スケッチ
②空気遠近法
③一点透視図法

〔　月　日〕

# 2 色　彩

## 1 色の種類

色の種類には，無彩色と有彩色がある。

①**無彩色**…黒，白，灰色などで，**明度**だけをもつ。

②**有彩色**…無彩色以外の色で，**色の三属性**をもつ。

◦色の三属性は，色相，明度，彩度のこと。

①**色相**…有彩色がもっている色あい。色相が似たものを隣どうしに並べたときにできる色の輪のことを色相環という。

②**明度**…明るさの度合い。全ての色の中で，一番明度が高いのは白で，一番明度が低いのは黒。

③**彩度**…鮮やかさの度合い。色みがはっきりしている色は彩度が高く，色みが鈍い色は彩度が低い。

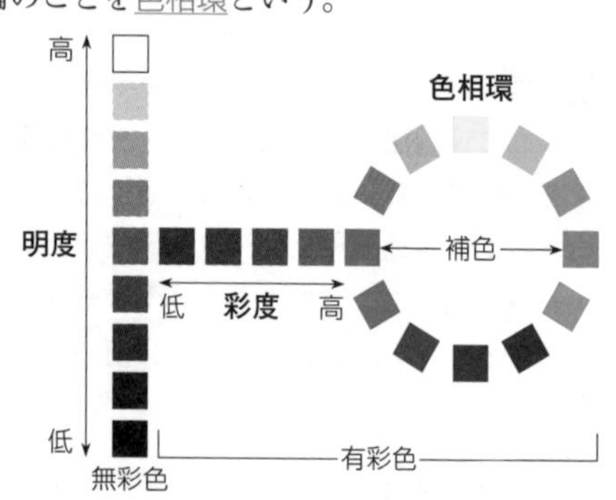


・**補色**…色相環の中で互いに向かい合う色の関係。色相差が最も大きく，お互いに引き立て合う。

・**純色**…混じり気がなく，その色相の中で最も彩度が高い色。

## 2 色の混合

色の混合の仕方には，加法混色と減法混色がある。

①**加法混色**…重ねれば重ねるほど明度が増し，白に近づくような，光による混色方法。

②**減法混色**…重ねて混ぜると明度が減り，黒に近づくような，色料による混色方法。

**得点アップ!** 有彩色と無彩色がもつ要素の違いと，各要素が何を意味しているかを覚えよう。

◆加法混色

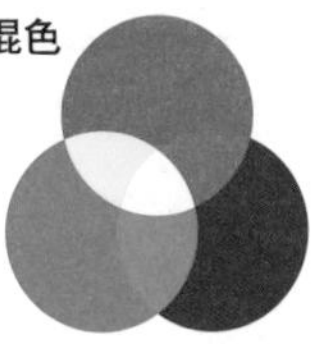

◆減法混色

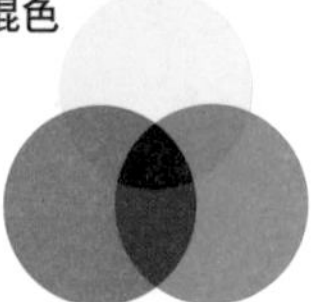

## 3 色の感じ ★

色の寒暖については，寒色と暖色がある。また色には，軽い色と重い色があり，進出色(膨張色(ぼうちょう))と後退色(収縮色(しゅうしゅく))がある。

①**寒色**…寒い感じの色で，青系統の色がこれにあたる。

②**暖色**…暖かい感じの色で，赤系統の色がこれにあたる。

③**軽い色**…明度の高い色。

④**重い色**…明度の低い色。

⑤**進出色(膨張色)**…暖色，高明度，高彩度の色。

⑥**後退色(収縮色)**…寒色，低明度，低彩度の色。

## 4 色の対比

色の組み合わせで，見え方が変わる。

①**色相対比**…同じ色でも，背景の色によって色相が違って見える。

②**明度対比**…同じ色でも，明るい背景では暗く見え，暗い背景では明るく見える。

③**彩度対比**…同じ色でも，彩度の高い背景では鈍く見え，彩度の低い背景では鮮やかに見える。

**テストでは**

□① 無彩色は，色の三属性のうち何だけをもっているか。

□② 重ねて混ぜると明度が増し，白に近づくような，光による混色方法を何というか。

□③ 軽く感じられるのはどのような色か。

**解答**

①明度

②加法混色

③明度の高い色

美術

# 3 デザイン

## 1 さまざまな技法★★

デザインや絵画にはさまざまな技法があり，例として下のようなものがある。

| 名　称 | 描き方 |
|---|---|
| スタンピング | ものに直接インクや絵の具をつけて，画用紙に押し当てる。 |
| マーブリング | 墨や油性の絵の具を水面にたらし，静かにかき混ぜてできた模様を写しとる。 |
| デカルコマニー | 絵の具をたらしたガラスに画用紙を押し当てて模様を写しとる。 |
| コラージュ | 写真や布，紙などの材料を画用紙に貼る。 |
| スクラッチ | クレヨンなどを何色か重ねてぬり，先のとがったものでひっかく。 |
| フロッタージュ | 凹凸のあるものの上に紙をのせ，鉛筆やクレヨンでこすって模様を写し出す。 |
| スパッタリング | 絵の具をブラシにふくませ，少し離れた金網の上からこすって絵の具を紙に飛ばす。 |
| ドリッピング | 画用紙に絵の具をたらし，傾けたり吹いたりして模様をつくる。 |

## 2 文　字★

文字にはさまざまな形がある。これを書体といい，目的に合わせて使い分けられている。

①**明朝体**…印刷物の**本文**などで用いられる。横の線が細く，縦の線が太いという特徴(とくちょう)をもつ。**判読のしやすさ**を優先してデザインされている。線の右端や，曲がり角の肩などにうろこという**こぶ**がついている。

②**ゴシック体**…印刷物の**見出し**など，協調させたい文字に用いられる。縦と横の線の太さが**同じくらい**で，遠くからでも判読しやすい

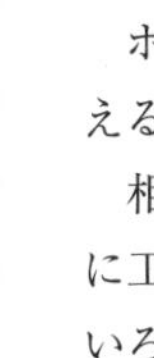

**得点アップ!** 水彩の技法をはじめ，さまざまな技法をしっかり整理しておこう。

## 3 ポスター ★

ポスターは，知らせたいことや訴えたいことを視覚的に**印象強く**伝えることを目的としている。

相手に効果的に伝えるためには，テーマや内容が**一目でわかる**ように工夫することが重要である。工夫にあたっては，**独創的**(どくそうてき)であったり，いろいろな**技法**を活かしたり，明度差や色相差を**大きく**したりするなどの方法がある。

◦ポスター制作の手順は，下のようになる。

①**題材(テーマ)**の決定。

②**素材**(写真や資料)を集める。

③**ラフスケッチ**(アイデアスケッチ)。

④**キャッチコピー**や文案を考える。

⑤**構成(レイアウト)**を考える。　　⑥**配色**を考える。

⑦**制作**(場合に応じてモダンテクニックを使用し，配色をする)。

美術

## 4 マーク

マークの役割は，短時間で内容を伝えることにある。マークの条件は，下のようなものがあげられる。

①**単純で見やすい。**

②**わかりやすい。**

③**独創的で美しい。**

④**かきやすく，再現しやすい。**

**テストでは**

□① クレヨンなどを何色か重ねてぬり，先のとがったものでひっかく技法を何というか。

□② 画用紙に絵の具をたらし，傾けたり吹いたりして模様をつくる技法を何というか。

□③ 横の線が細く，縦の線が太い，判読のしやすさを優先した書体を何というか。

**解答**

①スクラッチ

②ドリッピング

③明朝体

# 4 版　画

## 1 版画の種類 ★

紙
インク
版

①凸　版

版の凸部にインクをつけて，こすって写しとる。

②凹　版

版の凹部にインクをつめて，くぼみ以外の部分をふき取って圧力をかけ，刷り取る。

③孔　版

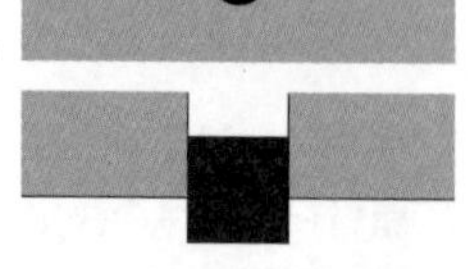

版に穴をつくり，その穴の上からインクを刷りこむ。

④平　版

版に油性インクをのせて刷り取る(水と油がはじき合うことを利用している)。

## 2 木版画 ★★

彫刻刀の種類は，下のようなものがある。

◆切り出し刀

◆平刀

◆丸刀

◆三角刀

木版画の版形式は凸版で，制作過程としては

下絵→転写→彫り→刷り　となっている。

下絵を裏返して版に写し取ることを転写といい，刷るときに上から圧力をかけるための道具をばれんという。

木版画の表現方法には，陽刻と陰刻がある。

①**陽刻**…輪郭の線を残して，まわりを彫っていく方法。インクの部分が少ないため，明るい印象になる。

②**陰刻**…輪郭線自体を彫っていく方法。インクの部分が多いため，暗い印象になる。

**得点アップ!** 版画の種類ごとに，表現方法や形式が異なる。一覧にして覚えておこう。

## 3 凹　　版

凹版には直接法と間接法がある。

①**直接法**…版を直接彫っていく方法。下のような方法がある。

- **ドライポイント**…樹脂板，銅板などにニードルなどで直接彫り，刷りにはプレス機を使用する。
- **メゾチント**…銅板やアルミニウム板にスクレーパーなどで凹部をつくっていく方法。

②**間接法**…エッチングという手法がある。

- **エッチング**…防食剤(グランド)をぬった**アルミニウム板**や**銅板**，**亜鉛板**などをニードルでひっかき，腐食液につけて凹部をつくる方法。水洗いしてからグランドを落とし，プレス機で刷る。

## 4 孔　　版

孔版にはシルクスクリーンという技法がある。

- **シルクスクリーン**…版につくった穴を通して，インクや絵の具を刷りこむ。刷り紙にインクを刷りこむときに使うゴム製のへらをスキージーという。

美術

## 5 平　　版

平版にはリトグラフという技法がある。

- **リトグラフ**…石版などに油性の材料で描画し，刷るときに版を水でしめらせてから油性のインクをのせ，プレス機で刷る。製版剤には**アラビアゴム液**を使用する。

**テストでは**

□① 版に穴をつくり，その穴の上からインクを刷りこむ版画の種類を何というか。

□② 木版画で，輪郭の線を残して，まわりを彫っていく方法を何というか。

□③ ドライポイントでは，版を彫るときに何という道具を使うか。

**解答**

①孔版
②陽刻
③ニードル

〔　月　日〕

# 5 彫刻・粘土

## 1 彫　刻

石を彫ったり削ったりして彫刻をつくることを**石彫**という。石でつくる場合は，粘土のように取ったりつけたりできないので，計画的に行う必要がある。

①**材料**…石の彫刻には，花こう岩や大理石が使われることが多い。石の種類で，色・質感・硬さなどが違う。

②**彫る手順**

1. 材料となる石を選ぶ。
2. 石の粉が目に入ったり，吸い込んだりしないように，**保護メガネ**と**防塵マスク**をつける。
3. **のこぎり**などでだいたいの形を整える。
4. **やすり**で表面を削ったり磨いたりする。
5. 石の表面に**デッサン**を描く。
6. デッサンに沿って，彫刻刀，**やすり**，**たがね**などを使って彫る。
7. 仕上げに水をつけた**耐水ペーパー**で磨き，**つや**を出す。

③**印刻(てん刻)**…石などを彫って，印形をつくること。材料となる石は，硬いほうから順に，**寿山石**，**青田石**，**遼東石**，**滑石**などがある。

## 2 粘　土

粘土の塑造に用いられる道具には，**粘土べら**や**粘土版**，**回転台**などがある。

①**粘土べら**…粘土を削り，形をつくっていく。

②**粘土版**…粘土を練ったり，作品をのせたりする。

③**回転台**…粘土版を置き，回転させる。

きりべら
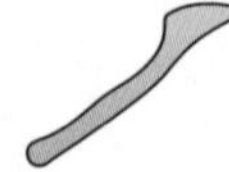

くしべら

つきべら

かき取りべら

回転台

粘土の特性や，それを活かした技法をおさえ，焼成のポイントも頭に入れておこう。

◦粘土の種類には，土粘土，油粘土，合成粘土などがある。

①**土粘土**…使う前によく練ることが重要。

②**油粘土**…かたくならないのが特徴。

③**合成粘土**…乾燥しても縮むことがなく，こわれにくい。

◦粘土の扱い方としては，使う前によく練ってやわらかくして，質を均一にする。そうすることでなめらかになり，使いやすく(形をつくりやすく)なる。

粘土のかたさは，**耳たぶくらい**がよい。

◦粘土の練り方には，**押し練り**，**たたき練り**，**菊練り**などがある。

①**押し練り**…体重をかけて両手で練る方法。

②**たたき練り**…棒などでたたいて練る方法。

③**菊練り**…多量の粘土を扱うときの方法。右手首で押し，左手で巻き上げるようにして練る。

菊の花びらのような形に練りこんでいく。

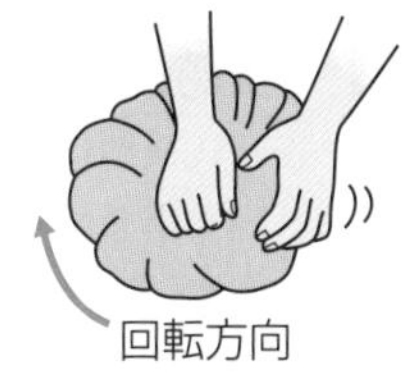


◦人物をつくるときは，針金や木材の**心棒**を土台としてつくる。心棒には，麻縄などを巻く。

◦粘土でできた作品を素焼きにしたものを**テラコッタ**という。焼くときは，**充分に乾燥させる**，**温度は徐々に上げる**などの注意点がある。

◦**粘土の保存方法**…粘土を保存するときは乾燥させないように注意して，ぬれた布で包み，ビニル袋に入れておく。

**テストでは**

□① 石の粉を吸い込まないようにつけるものは何か。

□② 乾燥しても縮むことがなく，こわれにくい粘土は何か。

□③ 右手首で押し，左手で巻き上げるようにして練る粘土の練り方を何というか。

**解答**

①防塵マスク

②合成粘土

③菊練り

〔　月　日〕

# 6 日本の美術

## 1 縄文時代〜古墳時代 ★

- 縄文時代には，縄文式土器や土偶がつくられた。
- 弥生時代には，弥生式土器や銅鐸がつくられた。
- 古墳時代には，人や動物の形をした埴輪がつくられた。

## 2 飛鳥時代・奈良時代 ★

- 飛鳥時代には仏教が到来するとともに，**大陸文化**の影響を受けた。
- 7世紀に建立された法隆寺は，世界最古の木造建築とされており，釈迦三尊像や玉虫厨子などがおさめられている。
- 広隆寺の弥勒菩薩像は，一本の木から彫り出した**一木造**である。
- 奈良時代の建築としては正倉院があり，**校倉造**という建築様式が用いられている。

## 3 平安時代・鎌倉時代 ★

- 平安時代後期には**絵巻物**が描かれるようになった。絵巻物には，物語や出来事が描かれ，「**源氏物語絵巻**」や「**伴大納言絵詞**」などがある。
- 1053年には，平等院鳳凰堂が建立され，ここには定朝作の平等院鳳凰堂阿弥陀如来像がおさめられている。
- 鎌倉時代には写実的な作品がつくられ，彫刻では東大寺の金剛力士像(**運慶**・**快慶**ら作)などがある。似絵といわれる肖像画では，**藤原隆信**作といわれている「**伝源頼朝像**」などがある。

## 4 室町時代・安土桃山時代 ★

- 室町時代には禅宗の影響を受け，水墨画が多く描かれた。雪舟作の「**秋冬山水図**」や狩野元信作の「**四季花鳥図**」などが有名。
- 足利義満によって建立された**鹿苑寺金閣**は，一階が書院造である。また，足利義政が建立した慈照寺銀閣にも書院造は用いられている。

得点アップ！ 時代ごとの特徴や有名な作品などを，作者とともに覚えておこう。

- 安土桃山時代に入ると，武士が**城郭建築**を行うようになった。その中でも姫路城(白鷺城とも呼ばれる)は，現存する城郭として最大のものとなっている。
- 狩野派や**長谷川等伯**をはじめとして，多くの絵画が描かれた。長谷川等伯の作品としては，「**松林図屏風**」などがある。

## 5 江戸時代 ★

- 江戸時代には，町人の文化が発展した。絵にもさまざまな流派が生まれ，浮世絵が流行した。
- 有名な浮世絵師には，葛飾北斎，喜多川歌麿，東洲斎写楽，歌川(安藤)広重などがいる。
- 俵屋宗達は琳派という流派で，「**風神雷神図屏風**」などを描き，その影響を受けた尾形光琳は「**紅白梅図屏風**」などを描いた。

## 6 明治時代以降 ★

- 明治時代には西洋文化が取り入れられ，西洋画家では「**鮭**」を描いた高橋由一や「**湖畔**」を描いた黒田清輝などがいる。日本画家には，「悲母観音」の狩野芳崖や「生々流転」の横山大観，「落葉」の菱田春草，「白雲紅樹」の**橋本雅邦**らがいる。
- 彫刻では，ロダンに教えを受けた荻原守衛が「女」「坑夫」を，高村光雲は「老猿」といった作品を残した。

**テストでは**

□① 現存する世界最古の木造建築とされているのは何という寺か。
□② 鎌倉時代に運慶・快慶らがつくった彫刻は何か。
□③ 現存する城郭として最大のものは何城か。

**解答**

①法隆寺
②金剛力士像
③姫路城(白鷺城)

美術

〔　月　日〕

# 7 西洋の美術

## 1 原始時代〜古代エジプト ★

◦原始時代に，人々は狩猟に関係する絵を洞窟に描いた。フランスのラスコーやスペインのアルタミラの洞窟画が有名。

◦古代オリエントでは，エジプトではピラミッドや，ツタンカーメン王のマスクがつくられた。

## 2 古代ギリシャ・古代ローマ ★

◦ギリシャのアテネにパルテノン神殿が建てられ，アフロディーテ（ミロのヴィーナス）やサモトラケのニケといった作品が生まれた。

◦古代ローマにおいては，アーチを取り入れた円形競技場であるコロッセウムがつくられ，キリスト教が広まって美術に影響を与えた。

## 3 中世ヨーロッパ ★

中世ヨーロッパには，さまざまな建築様式が生まれた。東ローマ帝国ではビザンチン，11 〜 12 世紀のヨーロッパではロマネスク，12 世紀半ばのヨーロッパではゴシックという様式が広まった。

## 4 ルネサンス ★

◦**ルネサンス**は「**再生**」「**復興**」を意味する言葉で，**14 〜 16 世紀**にかけてヨーロッパに広まった。

◦ボッティチェリは「**春**」や「**ヴィーナスの誕生**」を描いた。

◦三大巨匠であるレオナルド・ダ・ヴィンチは「**モナ・リザ**」を，ミケランジェロは「**最後の審判**」や「**ダビデ像**」を，ラファエロは「**アテネの学堂**」や「**美しき女庭師**」といった作品を残した。

## 5 バロック・ロココ ★

◦16 世紀後半からヨーロッパに広まったバロック美術は，色彩の強調や動きのある表現が特徴。ベラスケスは「**宮廷の侍女たち**」，レンブラントは「**夜警**」を描いた。

時代ごとに活躍した美術家とその作品，そして画風もおさえておこう。

◦ 18 世紀にフランスで広まったロココ美術は，繊細（せんさい）で優美な表現が特徴。ワトーやゴヤらが有名である。

## 6 近　代

◦ **新古典主義**は，古代の美と理想美を追求した。この新古典主義には，「**ナポレオン１世の戴冠（たいかん）**」を描いたダヴィッドや，「**泉**」「**グランド・オダリスク**」を描いたアングルがいる。

◦ **ロマン主義**は激しい動きと色彩を表現し，ドラクロワが「民衆を導く自由の女神」を描いた。

◦ 自然主義は自然を詩的に表現し，ミレーが「**落穂拾い（おちぼひろ）**」を描いた。

◦ 印象派にはモネ（「**睡蓮（すいれん）**」），マネ（「**笛を吹く少年**」），ルノワール（「**ムーラン・ド・ラ・ギャレット**」）らがいる。後期印象派にはゴーギャン（「**タヒチの女**」），ゴッホ（「**ひまわり**」），セザンヌ（「**青い花びん**」）が，新印象派にはスーラ（「**グランド・ジャット島の日曜日の午後**」）がいる。

美術

## 7 現　代

材料や技法が増え，現代では多くの派ができた。**野獣派（やじゅうは）（フォービズム）**にはマティスやルオー，**立体派（キュビズム）**にはピカソ（「**ゲルニカ**」）やブラック，**超現実派（シュールレアリズム）**にはダリ，ミロ（「**絵画**」），マグリッド，抽象派にはモンドリアン，**パリ派（エコール・ド・パリ）**にはモジリアニ，表現派にはムンク（「**叫（さけ）び**」）がいる。

**テストでは**

□① 中世の東ローマ帝国で広まった建築様式を何というか。
□② 「最後の審判」を描いたのは誰か。
□③ ピカソやブラックは何派と呼ばれるか。

**解答**
①ビザンチン
②ミケランジェロ
③立体派（キュビズム）

装丁デザイン　ブックデザイン研究所
本文デザイン　ブックデザイン研究所
図　版　ユニックス

JASRAC 出 2102864-101

本書に関する最新情報は，小社ホームページにある**本書の「サポート情報」**をご覧ください。(開設していない場合もございます。)
なお，この本の内容についての責任は小社にあり，内容に関するご質問は直接小社におよせください。

**中学 まとめ上手 実技4科**

編著者　中学教育研究会　　発行所　受験研究社

発行者　岡　本　明　剛



〒550-0013 大阪市西区新町2―19―15
注文・不良品などについて：(06)6532-1581(代表)／本の内容について：(06)6532-1586(編集)



Printed in Japan　ユニックス(印刷)・高廣製本
落丁・乱丁本はお取り替えします。